VOE COMO AS ÁGUIAS

Barry Siskind

VOE COMO AS ÁGUIAS

7 estratégias para viver mais confiante num mundo de incertezas

Tradução
Fernanda Pantoja

BestSeller

CIP-BRASIL. CATALOGAÇÃO-NA-FONTE
SINDICATO NACIONAL DOS EDITORES DE LIVROS, RJ.

S636v Siskind, Barry, 1946-
Voe como as águias / Barry Siskind ; tradução Fernanda Martins Pantoja. - Rio de Janeiro: Best*Seller*, 2007.

Tradução de: Eagles must soar
ISBN 978-85-7684-084-8

1. Auto-realização (Psicologia). 2. Certeza. 3. Incerteza. I. Título.

07-1933. CDD: 158.1
CDU: 159.947

Título original canadense
EAGLES MUST SOAR

Capa: Sense Design
Editoração eletrônica: Abreu's System

Impresso no Brasil

ISBN 978-85-7684-084-8

Para

Jillian Micole Siskind

e

Geoffrey Brent Siskind

O dom da liberdade da Águia não é uma concessão,
mas uma chance de ter uma chance.

Carlos Castaneda

SUMÁRIO

Agradecimentos

Eu pensava que escrever um livro significava passar longas e solitárias horas trabalhando no computador. Agora que já escrevi alguns, sei que conto com o mundo inteiro para interagir. Sair do computador para o mundo real e conversar com pessoas reais que parecem estar buscando o mesmo objetivo — a sensação de que tudo ficará bem — foi a verdadeira motivação para escrever *Voe como as águias.* Algumas pessoas me presentearam com suas histórias pessoais e sugestões — sou grato a todas elas. Quero agradecer especialmente ao pessoal da editora canadense Wiley: Karen Milner, Robert Hickey, Megan Brousseau, Terry Palmer e Jennifer Smith. Agradeço a Robert Mackwood, Ken Fisher, Laurie Guttman, Judie Benyei, Andrew Benyei, Joan McKnight, ao rabino Avi Nachmias e às milhares de pessoas que participaram de meus workshops e seminários ou leram meus livros e usaram seu tempo para compartilhar suas histórias.

Gostaria também de agradecer a Geoffrey Siskind, que me deu sugestões e soluções valiosas, e a Shawn Mintz, que leu o primeiro manuscrito do livro e manifestou suas impressões com gentileza.

Um agradecimento especial àqueles que estão fazendo esta maravilhosa viagem comigo, incluindo Jillian, Geoffrey, Mark, Robert, Cory, Lynda, Suzanne, Carol, Aidyn, Shawn, Ilmee, Shaindy, Seth, Cheryl, Carl e Esther.

E a Barbara: 24 anos depois, ainda conseguimos surpreender um ao outro. Melhor, impossível.

INTRODUÇÃO

Aonde quer que você vá,
vá de coração aberto.

— Confúcio —

A águia representa poder, sabedoria, coragem e liberdade. Não causa surpresa que esse magnífico animal atraia a atenção das pessoas há séculos e faça parte do folclore e dos mitos de diversas culturas. Pinturas antigas de águias podem ser encontradas até mesmo em paredes de cavernas. Por que esse animal mexe com a imaginação de tantos? Ao observar a águia planando gloriosa pelos céus, vemos o símbolo básico de nossa certeza. Observar a águia evoca o seguinte questionamento: "Como quero viver?" Você quer estar ao lado das "almas frias e tímidas" de Teddy Roosevelt ou quer subir a grandes alturas, como as águias? Se optar pela segunda alternativa, continue lendo este livro.

Imagine sua vida livre de preocupações. A vida como realmente deveria ser, repleta de felicidade e alegria.

"Ah", você diz, "seria ótimo — mas é apenas um sonho. E os terroristas, as enchentes, a fome, as guerras, os vírus e todos os eventos sobre os quais não tenho controle? Onde está esse mundo maravilhoso agora?"

A Terra continuará girando, apesar de nossos planos. Este livro vai dar a você a oportunidade de encontrar um lugar neste mundo caótico. As estratégias aqui demonstradas vão tornar sua vida tão simples quanto a decisão entre colocar canela ou chocolate em seu cappuccino, resolver a que novo filme assistir ou para onde irá nas próximas férias. Um jeito agradável de viver, não é?

Uma vez que tenha escolhido levar uma vida repleta de certezas, esse cenário pode se tornar realidade. Não existem mais grandes mudanças a serem feitas. Resta apenas o lado bom. Isso é o que as estratégias de *Voe como as águias* farão por você.

William Shakespeare, Marlon Brando, madre Teresa, Thomas Edison, Pierre Trudeau e Donald Trump têm algo em comum? Fama — sim. Respeito — sim. Sucesso — sim.

Mas eles também compartilham algo mais — uma rejeição massiva numa escala que faria com que muitos de nós desistíssemos. Se não fosse pelos investimentos astuciosos de Shakespeare, ele teria vivido uma peça após outra na pobreza total. A luta de madre Teresa para salvar os pobres é lendária. Donald Trump construiu sozinho um império e depois tudo ruiu. Brando, Edison e Trudeau também lutaram. Todos fazemos isso. Todos os seres humanos lutam. Cada um de nós tem uma trajetória repleta de colisões e barreiras.

Então, por que, mesmo diante da rejeição, essas pessoas persistiram? A resposta é simples. Em algum momento, elas sabiam que para fazer com que tudo acontecesse, além de talento, precisavam de certeza e de bom senso.

Precisavam da certeza de que tudo estava se desenvolvendo como deveria. Isso significa que, não importando o que acontecesse, essas pessoas agiram para adquirir valor a partir de sua experiência, em vez de se tornarem vítimas das circunstâncias. Precisavam do senso comum para reconhecer as oportunidades e agir.

Voe como as águias: 7 estratégias para viver mais confiante num mundo de incertezas fala sobre a primeira necessidade — certeza — e apresenta sete estratégias que ajudarão você a desenvolvê-la. A segunda necessidade, bom senso, foi tratada em meu livro anterior, *Você quer, você pode*, no qual incluí outras estratégias eficientes para ajudar o leitor a encontrar e usar o bom senso.

O QUE É CERTEZA?

Certeza é um assunto importante nos dias de hoje. Quando todos os indícios à nossa volta nos levam a ter dúvidas, saber que existe uma ordem por trás do caos aparente é essencial. Num mundo que se move com tanta rapidez, focar-se nas incertezas nos leva à frustração, ao fracasso e à infelicidade. Quanto mais fracassamos, mais o fracasso parece nos perseguir. Torna-se uma espiral descendente.

Então, o que é certeza? Filósofos debatem essa questão há séculos. O filósofo Edmond Husserl escreveu: "Sem me basear em alguma certeza absoluta, não consigo viver; não consigo suportar a vida, a não ser que acredite que tenho condições de vivê-la com êxito."

Husserl tentou chegar à certeza explicando a consciência humana por métodos científicos. Seu mais famoso pupilo, Jean-Paul Sartre, tinha uma visão diferente. Sartre acreditava que a consciência humana era controlada individualmente, não uma marionete de forças externas. Ele acreditava que criamos nossos próprios significados na vida. Temos livre-arbítrio para escolher como compreender o mundo e também a nós mesmos. O universo, para Sartre, era algo caótico em que ninguém podia estabelecer qualquer tipo de certeza.

Qual filósofo está certo? Os dois? Ou a certeza se baseia somente no que se pode ver, tocar, sentir o gosto e o cheiro? Você tem certeza de que a interpretação do que você sente é verdadeira? Talvez você baseie a própria certeza numa das grandes religiões do mundo, como o cristianismo, o budismo, o judaísmo ou o islamismo. Ou talvez no movimento Nova Era. Isso pode levá-lo a um conhecimento profundo de como tudo funciona e de qual é o seu lugar no grande esquema do mundo.

Este livro não é sobre filosofia ou religião. Trata-se de um guia prático para ajudá-lo a encontrar suas próprias respostas acerca do que funciona para você. Você sabe quando está no caminho certo e sente isso em seu interior. Se você sente desconforto, sabe que está seguindo o caminho errado. Então, o que você vai fazer em relação a isso? Escolher.

Certeza em uma época de incertezas

Nossos ancestrais lidavam com diferentes incertezas. Viviam em pequenas aldeias onde as dúvidas eram focadas na natureza: "Um furacão vai nos atingir?", "Vamos encontrar comida suficiente?" No entanto, eles tinham algum grau de certeza em outras áreas. Conheciam seu lugar na família e seu papel na aldeia. As regras de comportamento eram claras e quebrá-las resultava em punição severa e imediata. Se um aldeão precisasse de ajuda, os outros o socorriam porque sabiam que o equilíbrio da aldeia dependia do equilíbrio dos habitantes.

Na sociedade urbana atual, muitas vezes não conhecemos nossos vizinhos, embora estejam do outro lado do muro. Se alguém está correndo perigo, é mais fácil direcionar o olhar para outro lugar e, como o avestruz, viver com a cabeça enfiada na areia. Conseqüentemente, somos céticos, descrentes, desconfiados e profundamente infelizes.

A vida é complicada. Temos tantas escolhas que discernir o certo do errado é uma questão de etapas cuidadosamente examinadas e determinadas por advogados e juízes. Todos os aperfeiçoamentos que o ser humano tem vivenciado decorrem da certeza. Uma proclamação de certeza em uma época de incertezas soa quase tola — no entanto, ainda está lá, suplicando para ser ouvida.

Pessoas repletas de certezas olham para a vida com os olhos de uma águia, planando alto no céu e vendo o mundo como ele realmente é. Desse ponto superior, sabemos com certeza que, qualquer que seja o resultado, o que decidimos é aquilo que funciona melhor para nós naquele determinado momento. Tudo faz parte do grande e majestoso plano. Pessoas seguras são como águias que voam bem acima, deixando que o resto de nós caminhe em suas sombras.

Se Brando tivesse sido questionado, ele teria dito: "Preciso atuar." Shakespeare: "Preciso escrever." Madre Teresa: "Preciso compartilhar." Edison: "Preciso descobrir." Trudeau: "Preciso liderar." Trump: "Preciso construir." Eles tinham certeza disso. Em algum lugar bem no fundo de sua psique, eles sabiam que estavam no caminho certo e, mais importante, não podiam seguir outro rumo. Tinham apenas uma direção a tomar. Então, abriram suas asas e voaram.

Foque-se na trajetória, não no destino

O dicionário define certeza como "qualidade do que é certo, que não oferece dúvidas". Mas, quando temos certeza, existe algo mais do que apenas confiar que nossas ações irão nos trazer felicidade eterna, crianças saudáveis, riqueza ou tudo que desejarmos. Gostaria de completar a definição para certeza do dicionário incluindo o seguinte comentário: "Ter certeza significa saber que tudo vai funcionar como deveria, mas não necessariamente como queremos." Querer alcançar algo em particular faz com que fiquemos focados no lugar errado — o objetivo. *A certeza não está ligada ao destino. Está ligada à trajetória.* Se pudermos dirigir nossos negócios e nossa vida sabendo que estamos fazendo o que é correto para nós — independentemente do resultado — e nos livrarmos da dúvida que normalmente nos detém, então, com certeza, seremos capazes de criar uma vida e um negócio que darão certo.

Se eu pudesse encontrar William Shakespeare, Marlon Brando, madre Teresa, Thomas Edison, Pierre Trudeau e Donald Trump quando eles ainda eram adolescentes e dizer-lhes "Vocês sabem que suas chances de alcançar a grandiosidade são mínimas. Nem se incomodem em tentar. Talvez vocês devessem conseguir um trabalho de verdade", acho que eles olhariam para mim como se eu fosse um alienígena. Essas pessoas, mesmo quando se defrontaram com obstáculos esmagadores, seguiram seu próprio caminho. Simplesmente fizeram o que tinham de fazer.

O professor de cinema de George Lucas disse uma vez a uma turma de diretores iniciantes: "Se algum de vocês quer um emprego de verdade, este é o curso errado." Esse professor via o estudo de cinema como uma simples alternativa dos estudantes evitarem o "mundo real", onde teriam de encontrar um emprego e se tornarem cidadãos produtivos. Mas Lucas sabia que tinha que fazer filmes. Ele sabia que continuaria os estudos e faria alguns dos filmes mais lucrativos da história? Ele imaginou que seria um dos homens mais poderosos de Hollywood? Ele pensou que, um dia, ele e seus companheiros, Francis Ford Coppola, Steven Spielberg e Martin Scorsese, mudariam a cara do cinema americano? Duvido. Tudo o que ele queria, e tudo o que sempre quis, era fazer filmes.

Não somos como um atleta olímpico que treina durante anos para o momento mágico de ganhar uma medalha de ouro. Nessa mesma competição, muitos atletas igualmente merecedores estão buscando igual recompensa. Se levarmos nossa vida assim, perseguindo um único objetivo que apenas uma pessoa pode alcançar, então nossas chances de viver insatisfeitos são de 98 por cento. É a receita para o fracasso e a frustração. No entanto, se pudermos aprender as regras do jogo e apreciar cada momento, todos poderemos ser vencedores. Ter certeza em relação às suas atitudes tem a ver com isso — fazer com que você vença no jogo da vida.

AS ESTRATÉGIAS

Durante a leitura de *Voe como as águias* você estará fazendo uma viagem. Na verdade, o destino não importa. Apenas quando você afastar a incerteza de sua vida diária poderá se sentar e aproveitar o passeio. Lembre-se: você só pode fazer essa viagem uma vez.

As sete estratégias que o conduzirão a uma vida e a um trabalho repletos de certezas são:

Estratégia 1: Encontre o fluxo
Entenda os ciclos naturais e saiba que nada acontece por acaso.

Estratégia 2: Defina suas certezas
Aprenda três princípios que irão ativar suas certezas.
Estratégia 3: Respeite seus bloqueios
Entenda o verdadeiro papel da dúvida e do medo e desenvolva uma abordagem proativa de cinco passos para superá-los.
Estratégia 4: Reconheça sua importância
Parta dos motivadores externos e vá até os motivadores internos.
Estratégia 5: Descubra seu objetivo
Saiba qual é o seu papel e não perca energia invejando o que os outros têm. Coloque as chances a seu favor.
Estratégia 6: Pense com clareza
Elimine a desordem cerebral e organize sua vida de acordo com suas intenções.
Estratégia 7: Consolide certezas duradouras
Dê pequenos passos diários que o guiarão na direção certa.

A ordem dessas estratégias é importante. Elas representam uma fórmula, passo a passo, que mudará sua vida e seus negócios de um modo que você nunca imaginou ser possível. Ao concluir esses passos, esperança e otimismo terão novo significado. Você se sentirá renovado, refeito e pronto para continuar sua viagem sob uma perspectiva diferente. Você voará como as águias.

ESTRATÉGIA

1

Encontre o fluxo

Afinal,
amanhã é outro dia.

Scarlett O'Hara, em *E o Ventou Levou...*

"Afinal, nada é certo." Lembra-se dessa frase em sua infância? Eu sei que lembro. Quando contava a meus pais meus sonhos de glória, eles sempre me diziam que eu devia ter algo a que recorrer.

Segundas opções fazem sentido em um mundo repleto de incertezas. Como alguém pode prever com precisão se tudo vai funcionar? É por isso que, quando nos tornamos adultos, muitas vezes colocamos nossos planos grandiosos em segundo lugar e partimos em busca da segurança que os outros planos nos trazem.

Um bom exemplo disso é um talentoso amigo meu que, aos 20 anos, disse que queria ser escritor. Ele amava escrever, já havia ganho alguns prêmios como amador e sonhava fazer isso profissionalmente. Como seu primeiro livro de contos foi rejeitado por dezenas de editoras tradicionais, ele publicou a obra sozinho e a colocou em consignação em algumas livrarias.

Publicar o livro de forma independente significava ser não apenas o escritor do livro, mas também o redator, o editor, o transportador e o armazenador. Foi frustrante. O sonho de ser o próximo John Grisham foi rapidamente se enfraquecendo. A mensagem estava clara: viver como escritor não seria fácil. No entanto, escrever era sua paixão. Passar a vida sem escrever não era algo que o atraísse, mas ele, claramente, precisava de algumas opções. Afinal, Grisham havia sido advogado primeiro — certo?

Meu amigo decidiu fazer faculdade para se tornar professor. Ele poderia ensinar e ainda ter tempo para escrever durante as férias — aproveitaria o melhor dos dois mundos. Ao terminar a graduação, ele percebeu que ensinar em escola não seria gratificante o suficiente. Ensinar para estudantes universitários seria mais estimulante. No entanto, para dar aula numa universidade ele precisava de um doutorado — mais sete anos de estudos! Finalmente, com o diploma nas mãos, ele estava pronto, mas havia poucos empregos então. Em cada entrevista que ia, outros 200 candidatos concorriam à mesma posição. Passava o tempo elaborando currículos. Quando perguntei a ele como estava indo sua escrita de ficção, ele respondeu: "Eu realmente não tenho tempo."

Meu amigo passou a última década trabalhando em seu plano reserva. Dez anos de salário mínimo e longas horas na biblioteca, e ele ainda não tinha um emprego em vista.

O que aconteceu com meu amigo ocorre com muitos de nós: vivemos "a segunda opção" e escondemos nossos sonhos. Então, dez anos mais tarde, queremos saber para onde foi a verdadeira felicidade. Acordamos um dia e nos perguntamos: "O que fiz da minha vida?" Sentimos que precisamos fazer mais do que apenas comprar uma casa maior ou ter férias mais luxuosas. Mas não temos certeza.

O mesmo acontece com seus negócios. Quando você começou a trabalhar nele, pensou que tivesse algo de valor a oferecer. Sentia uma alegria autêntica em dar vida a novas oportunidades. Mas apenas poucos afortunados podem equilibrar as pressões logísticas de dirigir um negócio com a alegria de criar oportunidades. Os demais ficam presos ao trabalho penoso do dia-a-dia e perdem de vista o motivo que os levou a entrar no mundo dos negócios.

O que é mais importante?

Por que deixamos que isso aconteça? O bom senso tem seu papel — estamos jogando com segurança. Quando colocamos todos os ovos em uma cesta, o risco de fracasso é maior, embora, se você estiver certo, a recompensa também seja maior. É essa questão de dois lados que cria a incerteza. A maioria de nós escolhe a praticidade e opta por não correr grandes riscos. Apenas poucos desejam se tornar artistas famintos e se comprometer com a possibilidade de uma vida de pobreza e sacrifício por sua arte. Na verdade, desejamos outras coisas, como segurança, conforto e família.

A melhor abordagem seria encontrar uma maneira de viver que lhe propiciasse energia suficiente para que pudesse realizar tudo. Atores que trabalham durante a noite como garçons são um exemplo perfeito: servir mesas não compromete a energia para atuarem. Na verdade, da maneira certa, pode até acentuar sua habilidade de atuar. Servir mesas não é um plano reserva, mas um meio em direção a um fim. Em relação ao meu amigo escritor, lecionar deveria ter sido um meio para um fim, e não o próprio fim.

Você tem de decidir o que é mais importante. Viver de modo apropriado significa manter o foco. Isso significa fazer o que é preciso enquanto você leva a vida que quer. Isso é fácil de dizer, mas é, muitas vezes, difícil de fazer! As prioridades mudam: sua saúde pode mudar, a economia certamente mudará e as responsabilidades familiares mudarão.

Você tem uma escolha. Se tiver certeza do que pretende alcançar, poderá ir em busca da vida que deseja. Sem isso, você pode se confundir com as alternativas, viver o plano reserva ou não ter plano algum — simplesmente jogar as mãos para o céu e dizer: "De que adianta?"

Os ciclos da vida

Acredito que a maioria das pessoas cai em incertezas porque não entende os ciclos da vida. Entender como viver está vinculado à disposição para ir para a frente com segurança. Significa caminhar na corda bamba sem uma rede embaixo. O equilibrista Karl Wallenda disse: "Estar na corda bamba é viver; todo o resto é esperar."

O primeiro passo para criarmos certezas é entender os ciclos naturais da vida. Nada flui por igual. Se os acontecimentos estão em seu ponto mais baixo, isso é uma clara indicação de que o ponto alto está por vir. Assim como no futebol, você passa um período aproveitando as vitórias e, depois, passa por um período em que nada parece dar certo. Quando tudo começa a dar errado, começamos a questionar o processo. Tal como o antigo ditado: "Só uma coisa é certa — é a de que nada é certo. Se isso é verdade, também é falso."

Você se lembra do que há na Bíblia sobre José e sua habilidade de interpretar os sonhos? O faraó perguntou a José o que seus sonhos significavam e este respondeu que eles profetizavam sete anos de abundância seguidos de sete anos de seca. Embora a história não nos informe sobre os três anos seguintes, é possível supor que os egípcios antigos tenham esperado ansiosamente pelos bons tempos novamente. Durante uma seca, nenhum fazendeiro dirá que nunca voltará a chover. Os fazendeiros sabem que a natureza tem ciclos. Da mesma forma que as recessões econômicas são um prelúdio de crescimento e o crescimento é um sinal de que algum dia a bolha irá estourar. No mundo, tudo tem um ciclo natural.

Tom, um de meus clientes, leva a vida acreditando que as coisas sempre darão certo. Sempre que algo dá errado, ele simplesmente diz: "Foi melhor assim." Quando uma oportunidade escorrega entre seus dedos, Tom diz a si mesmo: "Quando uma porta se fecha, outra se abre." Independentemente da situação, ele vive com a certeza de que tudo está indo na direção certa. Ele é ingênuo ou sabe de algo que o restante de nós aparentemente não sabe?

Conhecimento *versus* crença

O Sol sempre brilhará, mas talvez não consigamos enxergá-lo através das nuvens. A vida é assim. Há dias ensolarados e dias nublados. Quando está nublado, não dizemos que nunca mais fará Sol. Se o tempo, a história e a economia têm um ciclo, por que esperaríamos que o comportamento humano fosse diferente? Não é. No entanto, acreditar em sua existência não é suficiente.

Um rabino me perguntou se eu acreditava em Deus.

— É claro — respondi.

— Bem, eu não acredito — disse ele.

Eu fiquei chocado! Como um homem religioso poderia não acreditar em Deus? Ele, então, explicou que não acreditava na existência de um Deus; ele *sabia* que existia. Seu conhecimento sobre Deus era inabalável. Isso é mais do que uma diferença sutil e vai ao fundo do que é a certeza. Se temos certeza, sabemos que estamos no caminho certo. Crença é realmente o conhecimento com uma opção, como uma advertência na caixa de um produto: "Este produto pode causar efeitos colaterais. Se você sentir algum desses sintomas, procure o médico imediatamente." Vendo através dos olhos de uma águia, a crença na advertência é claramente imposta por nós mesmos. É como se aqueles que acreditam estivessem dizendo: "Se você me der a vida que eu busco ter ou a resposta que eu quero, acreditarei. Se não der, então tenho a opção de me retirar."

Desde que a opção se mantenha, haverá uma fenda na base que permitirá que a incerteza vá embora. O objetivo do caminho em direção à certeza é remover essa opção.

PRESTE ATENÇÃO AOS SINAIS

Conhecer os ciclos é o ponto inicial. Isso informa a você que nada acontece por acaso. Há uma lógica em tudo, embora ela esteja muitas vezes oculta. Às vezes, contudo, recebemos algumas pistas — sinalizações nos ciclos. O que você precisa fazer é aprender a ler esses sinais.

Imagine que você está dirigindo por uma estrada e vê uma placa de trânsito: "Dirija com cuidado, a ponte fica congelada rapidamente." Você dá atenção ao aviso e diminui a velocidade. Quando está atravessando, você tem certeza de que está sobre o gelo, mas, porque foi alertado para isso, mantém o carro sob controle.

"Que bom que a placa estava lá", você diz a si mesmo. Mas ela apareceu como que por mágica apenas para você? Não, ela sempre esteve lá para que qualquer motorista visse, advertindo sobre a possibilidade de perigo.

Coincidências são assim mesmo. São sinais em uma estrada e fazem parte do plano. Todo mundo recebe sinais. Eles acontecem o tempo todo. Quando você se sente mal, está com dor de cabeça e o nariz escorrendo, sabe que está ficando resfriado. No entanto, você já sabia que suas chances de pegar um resfriado seriam altas, porque alguns dias antes compareceu a uma reunião de pais em que todos tossiam, espirravam e se cumprimentavam com apertos de mão. Você não vai dizer: "Que coincidência! Agora estou com o mesmo resfriado que todos os meus colegas estavam."

Os médicos entendem os sinais físicos e podem analisar suas possíveis causas. A polícia procura indícios na cena de um crime. Empresários bem-sucedidos lêem os sinais de possíveis problemas nos negócios. Sinais estão em toda parte e não devemos tomá-los como meras coincidências.

A vida também emite sinais para todos nós. O problema é que muitas vezes nós os consideramos coincidências. Duvidamos de que aquilo a que estamos expostos seja algo além de uma ocorrência excêntrica sem qualquer significado real. Isso resulta, muitas vezes, da não-percepção dos ciclos da vida. Na maioria dos casos, esses modelos estão ocultos, mas estão lá. (Esse encobrimento não é de todo ruim porque, quando os ciclos estão escondidos, nosso poder de escolha é preservado, e é isso que torna nossa viagem divertida!)

Através deste livro, você aprenderá a ler os sinais que têm sido colocados bem à sua frente. Sua viagem em direção a uma vida de certezas começou. Você sabe que existem ciclos em tudo. Onde você está agora representa um prelúdio de onde estará amanhã. Você deve entender que a próxima fase do ciclo não surge magicamente, existem sinais durante o caminho que lhe dão pistas da direção que você está tomando. Entendendo isso, você estará pronto para fazer com que sua busca por certezas seja um pouco mais pessoal.

Consolidando certezas a partir da Estratégia 1

1. Visite uma livraria ou a biblioteca de seu bairro e dirija-se à seção de biografias. Pegue a autobiografia de alguém que você sempre admirou. (Gosto de autobiografias porque você obtém a informação, por assim dizer, diretamente da pessoa.) Enquanto estiver lendo, perceba os ciclos de altos e baixos vivenciados pelo autor. Além disso, tal como ao ler um bom livro de mistério, veja se você pode perceber alguns dos sinais que o biografado deve ter reconhecido e que constituíam indicações do que estava por vir.
2. Agora, pense em sua autobiografia. Faça uma lista dos ciclos de altos e baixos. Quando registrar essas mudanças, mantenha-as em ordem cronológica.
3. Para a semana seguinte, mantenha sempre com você um bloco e anote tudo o que acontecer em sua vida e que você normalmente considera coincidência. Ao fim dessa semana, veja se surge algum modelo.

ESTRATÉGIA

2

Defina suas certezas

Eu sei o preço do sucesso:
dedicação, trabalho árduo e uma
devoção incessante para com aquilo
que você quer que aconteça.

— Frank Lloyd Wright —

Uma mulher que conheço há pouco tempo mudou sua vida para acompanhar uma decisão profissional de seu marido. Durante anos, ele se sentiu insatisfeito em um emprego que não lhe permitia expressar uma parte de si que precisava ser atendida. Alguns anos antes, ele havia arranjado esse emprego confortável que lhe proporcionava recursos para cuidar de seus pais doentes. Agora que os pais se foram, ele não tem mais essa necessidade. Seu maior arrependimento foi não ter feito um curso superior. Esse desejo insistente por instrução criara uma vontade que não podia ser ignorada. Ele queria estudar integralmente numa universidade, mas deixar um emprego confortável que lhe conferia estabilidade financeira era difícil. O marido sentia o limite imposto pelas algemas colocadas por ele mesmo. Depois de diversos debates em família, o casal se decidiu. Afinal, não havia sentido algum em levar uma vida tão insatisfeita.

Trocar de profissão no meio da vida pode ser difícil. Para um casal acostumado com certo padrão, tal situação pode significar mudança de status financeiro. Mas, em algum lugar lá no fundo, a mulher tinha certeza de que era a decisão correta a ser tomada. Passados alguns anos, ela, naturalmente, admite que apenas "teve certeza" de que a mudança seria para melhor. Mas como ela sabia? Seria ela simplesmente ingênua ou talvez insensata?

A Estratégia 2 o ajuda a saber de onde vem sua certeza e como é possível senti-la em todos os momentos de sua vida.

Todos passamos por situações em que temos certeza do que fazer. Com habilidade e prática, você pode criar vários momentos assim: tantos quanto quiser. Seu caminho é mais do que uma esperança ansiosa em relação ao futuro: "O que eu serei?" Trata-se, na verdade, de uma afirmação consistente de conhecimento: "É assim que vou viver minha vida." Cada um de nós deve escolher um caminho e estar seguro de ser o rumo certo a seguir.

SUA GRANDE ESCOLHA

Conheci um homem que era uma verdadeira síntese do pessimismo. Ele era como o personagem Bisonho da história do ursinho Pooh, sempre vendo o lado triste das situações. Quando conversamos, o assunto ficou em torno de como sua vida era ruim, ninguém gostava dele, as outras pessoas têm tudo e ele não tem coisa alguma e assim por diante.

— Qual foi o ponto mais alto de sua vida? — perguntei-lhe.

Ele me olhou como se eu não estivesse escutando e respondeu:

— Minha vida? Por favor, nada parece funcionar como deveria.

— Mas deve haver alguns momentos, mesmo que breves, em que você tenha realmente se sentido bem em relação a tudo — ponderei.

— Como o quê? — perguntou ele.

Rapidamente, percebi que seria mais difícil do que imaginava.

— E seus filhos? Seu filho se formou em engenharia no ano passado. Como você se sentiu quando isso aconteceu?

— Excelente. Sei que Robbie está no caminho certo e que tem uma vida perfeita à frente.

— Oh! Então, você é otimista em relação a Robbie. Em relação ao que mais você é otimista?

Ele, orgulhosamente, me contou sobre sua filha, que está estudando enfermagem. Depois, falou acerca do trabalho com madeira que faz no porão de sua casa.

— Gostaria de ver alguns móveis que você já tenha feito — pedi.

Seu semblante mudou diante de meus olhos. Pela primeira vez, o homem perdeu a expressão pessimista e sorriu.

Numa visita à sua casa para ver os projetos em madeira, perguntei-lhe:

— Quando você inicia um projeto fica achando que vai fracassar?

— Você deve estar brincando — respondeu ele. — Consigo fazer isso de olhos fechados. Sei exatamente o que estou fazendo. Quando tenho um cinzel na mão e estou trabalhando com o torno, sei que vai dar certo.

Todos temos momentos de certeza como esses. O universo os coloca diante de olhos pessimistas apenas para dizer: "Veja, é assim que a vida pode realmente ser."

A certeza está sob o domínio tanto do otimista quanto do pessimista. Como todos nós temos elementos de ambos, podemos escolher a maneira como vemos o mundo. Por que levar uma vida de ruína e tristeza quando existem alternativas? O objetivo deste capítulo é preparar a base para que você desenvolva suas certezas e, dessa forma, inclua mais elementos positivos em sua vida.

Todo mundo tem um grande número de certezas. Algumas produzem impactos positivos; outras, negativos. Enquanto você estiver navegando por este livro, explore as escolhas que tem. Meu conhecimento em relação ao Bisonho se focou em suas certezas negativas, com um certo descuido em relação aos muitos aspectos positivos de sua vida.

A vida é um jogo, e todo jogo tem vencedores e perdedores. Quando você tem certeza de que o resultado será perder ou ganhar, mas não sabe ao certo qual será, escolha jogar como um vencedor. A decisão é sua, mas saiba que escolher levar uma vida de vencedor é uma das últimas grandes opções que terá de fazer.

Certa vez, o diretor Federico Fellini afirmou: "Nossa mente pode dar forma à maneira como algo será porque agimos de acordo com nossas expectativas." Se esperamos ser vencedores — se temos certeza de que seremos bem-sucedidos —, então já influenciamos boa parte de nosso caminho. Esse é o ponto de partida de sua viagem a um mundo repleto de certezas absolutas.

Escolher ser um vencedor afeta a maneira como despendemos o tempo que temos e vai ao centro de quem somos e como agimos. Você quer ganhar ou perder? Você quer uma vida inteira de princípios fortes? Você quer deixar uma marca permanente naqueles que cruzam seu caminho? A resposta é clara, mas a solução pode não ser. Como podemos ter as certezas de um vencedor?

OS TRÊS PRINCÍPIOS PARA UMA ORIENTAÇÃO POSITIVA

Você não encontra as certezas — você as ativa. Ativar é uma questão de deixá-las respirar. Algumas vezes, elas respiram sozinhas, enquanto, outras vezes, precisamos aplicar um desfibrilador e dar-lhes uma descarga elétrica para corrigir o ritmo das batidas do coração.

Trata-se de algo que você deve fazer. Mas existem três princípios que o ajudarão a sustentar suas certezas positivas.

1: NÃO ESPERE POR UMA REVELAÇÃO!

Uma revelação não é um acontecimento. É um despertar. Muitos de nós esperamos por um determinado momento, aquele momento iluminado, quando dizemos: "Ah! Achei!" Esse instante é uma ilusão. Não é uma virada, onde, de um lado, existe um vazio e, do outro, a resposta. Não existe um único momento de revelação que nos lance em direção a uma certeza. No entanto, para muitos de nós, há um momento em que percebemos que estamos quase lá.

Há uma história interessante que trata exatamente dessa questão. Um homem vivia em uma casa que estava ameaçada por uma enchente. Quando o tempo piorou, a polícia foi até lá para adverti-lo de que deveria empacotar seus pertences e deixar a casa. Sua resposta foi simplesmente: "Deus vai me salvar."

O tempo piorou ainda mais. O nível da água subiu e os carros não podiam mais passar. Soldados subiam e desciam as ruas em barcos a motor ajudando os moradores ilhados. Quando se aproximaram da casa dele, ele simplesmente disse: "Deus vai me salvar."

Logo, o nível da água se elevou tanto que o homem foi forçado a subir no telhado de sua casa. Um helicóptero se aproximou e a Guarda Costeira acenou para que ele agarrasse a escada e, assim, pudessem salvá-lo.

"Não, obrigado", disse o homem. "Deus vai me salvar."

As águas continuaram a subir e o homem se afogou. Nos portais do céu, ele ficou em frente a Deus.

— Deus, o que aconteceu? Sempre fui um homem devoto. Por que você não me salvou?

Deus simplesmente olhou para o homem e declarou:

— O que mais você queria de mim? Mandei a polícia, o exército e a Guarda Costeira.

Ao contrário do homem que morreu afogado, precisamos observar atentamente os sinais que estão à nossa volta. Talvez nunca tenhamos aquela revelação — aquele sinal claro dos céus — então, precisamos ser positivos e prestar atenção. Não há necessidade de esperar até que os sinais se tenham agrupado numa quantidade crucial; assim como o homem que morreu afogado aprendeu tarde demais, eles não se agruparão!

Certa vez, ouvi uma entrevista no rádio com um ministro anglicano. Sua carreira o levara a dar aulas em um seminário, mas ele estava se tornando cada vez mais inquieto. Não vinha obtendo o resultado — profissional e espiritual — que esperava. A certa altura, participou de uma semana de estudos intensivos da Bíblia em Los Angeles. Todo dia, comparecia às palestras e, toda noite, pegava o metrô de volta ao hotel. Observava a cidade, via os bairros, os grafites nos muros, as pessoas reunidas nas ruas. A cada noite, via mais. Então, um dia, teve seu momento de revelação: o que ele estava aprendendo e principalmente ensinando não tinha nada a ver com as pessoas que queria servir. Isso alterou o modo como se relacionava com sua vocação para sempre.

Uma revelação é simplesmente uma chamada para que percebamos uma informação que nos está rondando, esperando para ser notada. Não que ignoremos completamente essa informação; simplesmente não a enxergamos pelo que ela é. Mas, se formos positivos e verdadeiramente otimistas em relação às perspectivas de qualquer que seja nosso empenho, seremos, naturalmente, mais receptivos a esses sinais.

Você já esteve em uma situação em que sabia a resposta certa para um determinado problema? Não estou me referindo a conhecer as respostas às perguntas de Regis no programa norte-americano *Who Wants to Be a Millionaire?* Não estou falando de sua habilidade para recordar trivialidades. Isso é diferente. Trata-se de conhecer a maneira certa de lidar com seu comportamento infantil, a resposta certa a um problema persistente no trabalho ou a solução perfeita para um desafio em sua carreira. Se você puder se lembrar desse momento sozinho, veja se também consegue se recordar de como se sentiu naquele momento. Para muitos, o momento de certeza é aquele repleto de otimismo.

Quando todas as dúvidas são apagadas, independentemente das conseqüências, há apenas uma rota a seguir. Não existe medo. Esse foi o momento, estou certo disso, que muitos heróis do 11 de Setembro enfrentaram. Eles tinham certeza de que a única coisa que podiam fazer era correr para o edifício em chamas a fim de resgatar alguém que precisava deles. Quando questionados sobre suas ações, muitos heróis responderam: "Não pensei no perigo que eu mesmo corria; fiz apenas o que precisava fazer."

Lembro-me de levar meu filho para esquiar numa pista quando era pequeno. Na verdade, são pistas enormes que funcionam num resort de esqui durante o verão para atrair turistas às montanhas. Meu filho tinha 3 ou 4 anos de idade naquela época. Ele se sentou à minha frente no trenó. Enquanto deslizávamos pista abaixo, um grupo de pessoas aproximou-se por trás querendo deslizar ainda mais rápido. Eu mantive uma velocidade que julgava segura e divertida para nós dois, mas que não era boa o suficiente para os que estavam grudados em nossa traseira. Eles, então, bateram em nosso trenó, fazendo com que ele rodopiasse e mudasse de direção.

No pé da montanha, saltei do trenó e comecei a gritar com aquelas pessoas. Ao lembrar isso, penso que não foi a atitude mais inteligente a ser tomada. Qualquer um deles poderia ter me agredido e dominado sem problemas, mas, naquele momento, eu me sentia como a mãe ursa protegendo a cria. Minha segurança não importava — apenas a segurança de meu filho. Tinha certeza de qual deveria ser meu papel naquele momento e do que precisava fazer. Naquele momento, não tive medo; sentia-me positivo e seguro.

O passeio de esqui foi um momento de revelação? Não, apenas um lembrete de quem eu realmente era: um pai protetor tomando conta do filho. Sabia que, em qualquer momento que meus filhos estivessem em perigo, eu reagiria daquela maneira. Mas o passeio de esqui foi um aviso para que eu acordasse. Foi uma espécie de verificação na certeza que eu via como inatingível. A boa notícia é que você não tem de esperar o prédio pegar fogo ou haver uma ameaça aos seus filhos para saber o que é ter certeza. Você tem o poder de incorporar essa mesma sensação de certeza em todos os aspectos de sua vida. Se você apenas abrir os olhos, verá que há sinais que revelam sua reação muito antes de você ter realmente que agir.

Para passar do estado de incerteza ao de certeza é necessário tempo, paciência, experiência e disposição. Quando você tiver certeza de algo, estará ciente de que o caminho certo a ser seguido não é uma escolha. Ele apenas é. A esse ponto, qualquer que seja o caminho escolhido será o caminho certo; qualquer atitude tomada será a atitude certa.

Sua revelação é o dia em que você acorda e sabe que já está lá.

2: NÃO SE CONTENTE COM A SEGUNDA OPÇÃO

Há alguns anos, um de meus mentores disse: "Barry, você pode ter tudo." Levei anos para entender o que exatamente ele queria dizer, mas, quando entendi, sabia que tinha tudo a ver com o fato de termos certeza em relação às coisas. É um direito que temos; não um dom. Trata-se de algo que todos nós merecemos — se desejamos de verdade lutar por isso.

Você pode fazer todos os tipos de escolha na vida. Mude de direção e estará num caminho diferente. A vida é assim, e fazer ou não a escolha certa é irrelevante.

Trata-se, simplesmente, de outra direção. Henry Ford disse: "Quer você pense que pode ou que não pode, estará certo."

Se um caminho lhe causar desconforto, então mude de direção mais uma vez. Você não tem de ir a lugar algum se não quiser. Você não tem de escolher a segunda opção — nunca. Sua trajetória é aquela na qual você está focado porque é lá que você encontra sua certeza. O destino, como você aprenderá mais adiante neste livro, pode não ser nada além de uma ilusão.

3: Não permita que os outros determinem suas certezas

Essa é uma tarefa difícil. Como pai e avô, uma das minhas maiores dificuldades é aceitar que meus filhos adultos tenham tudo sem precisar de mim. Eles precisam de meu amor e vice-versa. Quando precisarem de minha ajuda, pedirão por ela. Depois de algum tempo, aprendi que ajudar alguém sem ser solicitado é sinônimo de problemas.

É como a história do escoteiro que ajuda um homem cego a atravessar a rua. O homem luta contra a ajuda dele, mas o menino está determinado a fazer a boa ação do dia. Do outro lado da rua, o homem grita com o escoteiro, que fica chocado.

— Bem. Eu o ajudei a atravessar a rua. O mínimo que você pode fazer é parar de gritar e agradecer — diz ele ao homem cego.

— Mas agora — responde o homem cego — tenho de voltar para o outro lado, pois é lá que vão me buscar.

Meu dever como pai é observar meus filhos escolherem seus próprios caminhos. Às vezes, as coisas darão certo; outras vezes, não. Toda decisão que tomarem vai dar a eles lições de vida poderosas e prepará-los para um futuro inigualável.

Saber que não posso fazer mais do que isso por meus filhos deixa claro que ninguém pode fazer mais por mim. Meu caminho é meu caminho. Ninguém tem o direito de me dizer que estou no caminho errado. (Supondo que o que estou fazendo não seja contra a lei!) Enquanto outras pessoas observam minhas ações e vêem erros, eu vejo lições. Quando vêem sucesso, eu também vejo lições. Ninguém pode estar na minha pele, vivenciar meus sentimentos e pensar por mim. Ninguém pode avaliar minhas certezas. Só eu posso fazer isso por mim mesmo.

CONHEÇA BEM SUAS CERTEZAS

Vamos recapitular por um momento. Até aqui, você aprendeu que cada um de nós é um jogador. Os resultados óbvios desse jogo são a vitória ou a derrota, e não há garantias de qual será o placar. Assim, focar-se no resultado não nos leva a certeza alguma.

Ao ter certeza, tudo o que você pode fazer é escolher como quer jogar. Você pode jogar como vencedor ou como perdedor. A escolha é sua. Existem três princípios norteadores que o ajudarão a manter um espírito positivo: não espere por revelações, não se acomode com a segunda opção e não permita que os outros determinem suas certezas. Agora você está pronto para a próxima estratégia a ser adotada na estrada em direção às certezas, que ensinará a você como lidar com os bloqueios.

Consolidando certezas a partir da Estratégia 2

1. Em um pedaço de papel, desenhe três colunas. Na primeira coluna, faça uma lista de suas certezas. Essa é a sua lista. Então, não importa o quão triviais os itens possam parecer, escreva-os no papel.
2. Para cada item, pergunte-se: "Quando tive certeza disso pela primeira vez?" Escreva as respostas na segunda coluna.
3. Na terceira coluna, faça uma lista de quaisquer pistas ou sinais que tenham ocorrido antes de você terse tornado consciente.

ESTRATÉGIA 3

RESPEITE SEUS BLOQUEIOS

O único limite para a realização
do amanhã serão nossas dúvidas de hoje.

— Franklin Delano Roosevelt —

A estrada em direção às certezas é repleta de bloqueios. Ao contrário de uma estrada real, contudo, esses obstáculos em seu caminho não precisam fazer com que você retorne ou sofra um grande atraso. Os bloqueios dessa estrada são, na verdade, parte da vida e podem ter efeitos positivos em tudo o que você faça. Cada bloqueio é uma chance real para que você aprenda mais sobre o caminho escolhido e ajude a definir uma trajetória.

Há alguns anos, investi muito tempo e energia num negócio que faliu. Estava arruinado e procurava uma resposta para o fato de ter falido. Recentemente, uma pessoa com quem travei contato durante aquele aparente fiasco nos negócios veio até mim com uma tremenda proposta, cujas particularidades eram muito melhores do que meu negócio original. Se eu tivesse ficado preso ao original, teria perdido essa nova oportunidade. Meu bloqueio, na verdade, levou-me a uma outra estrada que era ainda melhor. Tive apenas sorte ou algo mais estava acontecendo?

Voltaire escreveu: "Sorte é uma palavra destituída de sentido; nada pode existir sem uma causa." Minha sorte resultou de uma oportunidade perdida. Olhando para trás, percebo que houve muitos sinais de que o primeiro negócio nunca teria dado certo. Se eu tivesse percebido esses sinais na época, poderia ter evitado a falência. Uma abordagem proativa teria permitido que eu assumisse o controle mais cedo; minhas ações teriam feito com que eu tivesse um sucesso estrondoso. Ser proativo e ter controle: esta é a lição básica que você aprenderá com esta estratégia.

Detido pela dúvida

Imagine seu mundo como uma linha horizontal. De um lado, você tem a certeza. Nesse ponto, você sabe que toda a atitude que tomar será certa para você. Aqui, você joga como um vencedor e sente-se confortável consigo mesmo.

Do outro lado da linha, está a incerteza. Esse é o lugar da hesitação, da tensão e da fadiga. Aqui, você é vítima do fluxo e refluxo da vida.

Quando você olhar para essa linha, não há conexão óbvia entre a certeza e a incerteza. Você está de um lado ou de outro. Quando você está incerto, está incerto, ponto. E quando você tem certeza, o sentimento é pleno. Algumas pessoas seguras vivenciam momentos de incerteza, e o contrário também ocorre: pessoas inseguras têm momentos de certeza.

O que impede que você transite livremente nessa linha de um lado para o outro são os bloqueios que tomam a forma de dúvida. Essa incerteza pode mudar seu curso.

Todos nós seguimos adiante na vida sabendo que tudo está acontecendo como deveria — mas, então, a dúvida se ergue com sua cabeça feia. Todavia, é preciso lembrar que a dúvida é simplesmente um mensageiro, e nem sempre é algo ruim. Essas visitas da dúvida podem ser um vislumbre momentâneo do que é possível ou uma nuvem que lança sua sombra em tudo que fazemos. Uma vez que você entenda o que a dúvida representa, pode colocá-la em seu devido lugar.

Na Estratégia 2, falei sobre um conhecido meu que teve momentos de certeza por intermédio de seus filhos e da carpintaria. Para pessoas como ele, esses momentos de certeza são pistas oferecidas pelo universo do que é possível.

Para as pessoas seguras, a dúvida funciona tal como os momentos de certeza para as pessoas inseguras. Um momento de dúvida oferece uma revisão da realidade e consiste em uma oportunidade para nos focarmos novamente em uma maneira mais gratificante de viver.

Dúvidas são personagens inescrupulosos. Por um lado, podem disparar uma espiral de incertezas que adquire uma dimensão maior se as coisas não são colocadas em revisão rapidamente. William Shakespeare escreveu: "Nossas dúvidas são traidoras e fazem com que percamos algo que temos possibilidade de ganhar, por medo de tentar."

Mas, para realmente entendermos nossas dúvidas e torná-las oportunidades, precisamos observá-las mais de perto. As dúvidas não aparecem do nada. Tem de haver uma causa.

Medo

Dúvida é, na verdade, uma reação ao medo. Embora o medo e a dúvida tenham muito a ver um com o outro, existem diferenças. O medo é uma reação emocional baseada em um estímulo real ou ilusório. Dúvida, ao contrário, é uma reação diretamente ligada àquilo que tememos. Ela cria a ação (ou inação). Dúvidas são, muitas vezes, ouvidas por meio dessas mensagens insistentes que enviamos a nós mesmos e que resultam diretamente do medo. Sem medo, não haveria dúvida. Sem a dúvida, o medo não teria como se expressar.

Se você teme a rejeição, o medo pode impedir que você corra riscos. O medo da represália pode impedir que você sugira idéias e assim por diante. Trata-se simplesmente de desculpas para a inação. Quando você confere muito poder ao medo, torna-se vítima dele. À medida que você o retém, mais difícil fica escapar dele.

Por outro lado, o medo também pode ser um grande motivador. Meu medo do fracasso me motiva a trabalhar quantas horas forem necessárias para que eu tenha êxito. Meu medo de não conseguir ser o tipo de chefe que desejo ser me motiva a me submeter ainda mais à prova com meus funcionários.

O medo tem seu lugar e é uma parte sua que deve ser honrada. Entender os medos subjacentes a seus objetivos é mais útil do que tentar eliminá-los de sua vida. Na verdade, seu medo constitui uma oportunidade para que você se conheça melhor e mais livremente. Quando conhecemos nossos medos, podemos escolher o que fazer com eles. Se eles o enfraquecem ou ficam no seu caminho, a ajuda profissional está à sua disposição. No entanto, com muita mais freqüência do que imaginamos, podemos encontrar uma maneira de lidar com eles sozinhos.

Existem três tipos de medo. Em primeiro lugar, os medos daquilo que não temos controle, como a velhice, a morte ou a doença. Em seguida, existem os medos que são estimulados por uma ação iminente de nossa parte. Essa ação pode ser uma decisão de voltar a estudar, mudar de carreira ou terminar um relacionamento. Finalmente, existem os medos que vêm do estado interior de nossas mentes — nossos egos. Esses medos se manifestam em relação à rejeição, ao sucesso, ao fracasso, a ser vulnerável, a ser trapaceado e a se sentir desamparado.

Quer o medo seja resultado de um estímulo externo ou gerado internamente, a verdadeira questão é: qual é o seu propósito?

Como já mencionei, tenho medo do fracasso. Aos vinte e poucos anos de idade, tinha a impressão de que meu futuro estava garantido. Tinha um ótimo emprego, uma família recém-constituída, uma casa nos arredores da cidade, uma hipoteca, um cachorro, todo o necessário para um sucesso cada vez maior. Eu era invencível, mestre do meu próprio universo, ou assim pensava. Então, cheguei aos 30. Estava divorciado e falido. Sem carreira, família ou emprego, foi aí que minha busca começou. Tentei um número sem-fim de coisas e, então, um dia, descobri em minha mente (e em meu coração) o que poderia fazer — ensinar. Eu tinha sido professor. Dei aula para algumas turmas noturnas enquanto estava na universidade e gostei muito da experiência.

Por um lado, sentia uma grande vontade de ensinar e queria montar meu próprio centro de treinamento. Por outro, meu medo do fracasso dizia: "E se você falhar?" Era como um desenho em que um homem tem um anjo em um ombro e um diabinho no outro, cada um sussurrando uma mensagem diferente em seus ouvidos. Lembro-me de estar dirigindo de volta para casa e dizendo a mim mesmo: "Deixe o que deseja de lado e você vai acabar trabalhando para outra pessoa, fazendo algo que não gosta de verdade apenas para se sustentar." Esta não era a maneira como queria levar minha vida.

Meu medo do fracasso me motivou. Eu me lembro daquele dia tão bem como se fosse hoje. Esse medo me assustou tanto que eu jurei nunca mais fracassar novamente. Para mim, o medo representou uma oportunidade para que eu me conhecesse. Não há motivo para recear seus medos. Eles são uma parte importante de você; fazem de você quem você é.

A dúvida e sua causa subjacente, o medo, são dois sinais em nossa estrada. Quando conseguimos entendê-los, conduzem-nos a uma compreensão melhor de nós mesmos.

Cinco passos para encarar seus medos e dúvidas

Não queremos nos livrar dos medos e dúvidas; queremos apenas aprender a mantê-los em seus devidos lugares e fazer com que se posicionem a nosso favor. A palavra tibetana *rewa* designa esperança e a palavra *dokpa* significa medo. A palavra *re-dok* é uma combinação de ambas, uma equação de dois lados: esperança e medo. Buscar a esperança em seus medos e dúvidas é, muitas vezes, um desafio, mas, com certeza, ela está sempre lá.

Aproveitar o poder da dúvida e sua causa subjacente, o medo, é possível. Ao contrário de escolher ser uma vítima reagente ao medo, abrindo mão de seu poder sobre as circunstâncias, você pode ser proativo e criar certezas em qualquer situação.

Você traz a proatividade para a sua vida com os cinco passos seguintes.

1: Pare

Ôooo! Faça com que aquele cavalo em disparada pare antes que você perca o controle. Não importa realmente sobre o que são aquelas reclamações em sua mente, desde que você as faça parar. Obviamente, o quanto antes você bloquear essas mensagens, mais fácil será controlar a situação. Quanto mais demorado for, maior será o risco de uma fuga da manada. Quanto mais você praticar estes cinco passos, mais cedo você reconhecerá esses sinais.

Todos nos damos pistas que nos informam sobre como lidamos com a dúvida. Podemos estar zangados, desapontados, frustrados, surpresos ou confusos. Podemos ser grosseiros e gritar ou calmamente irmos embora. Podemos ficar na defensiva e começar a dar todos os tipos de desculpas. Qualquer que seja seu modo de ação, é importante reconhecer como você lida com a dúvida.

Isso é difícil e requer treinamento. Pense em você como um automóvel de luxo. Quando você anda, emite certos sons que deixam que o motorista perceba que tudo está bem. Quando o som muda, o motorista sabe imediatamente que algo está errado e checa o motor. Então, se ele encontra uma correia de ventilador solta ou descobre que o motor não está trabalhando em sua capacidade total, ele o leva ao conserto. Quanto mais conhecimentos você tem em relação aos sons que produz em sua mente, mais você saberá sobre as mudanças. Essas mudanças são as mensagens que indicam que algo está diferente e que é hora de checar o motor.

2: Faça uma pausa e uma repetição

Repita aquela mensagem interior. Ouça cuidadosamente o que ela está dizendo. Se você consegue ouvi-la, escreva em um pedaço de papel. Como um observador imparcial, olhe para as palavras. Use sua perspectiva de olhos de águia.

Pergunte a si mesmo: "Como esta mensagem afeta minhas certezas?" Você sabe como é se sentir seguro, então, quando ouve a mensagem, o que muda em você? De que maneira essas mensagens são diferentes das outras que você envia a si mesmo quando se encontra em um estado de certeza?

Faça a si mesmo uma série de perguntas sobre a mensagem — encontre o problema. Não ataque a dúvida; melhor, estude-a para ver se você consegue descobrir o que ela está tentando transmitir.

Em seguida, pergunte a si mesmo: "É isso o que eu realmente quero ser?" Esta é uma pergunta difícil. Imagine o tipo de pessoa que você quer ser e pergunte a si mesmo se essa mensagem é coerente com essa imagem ideal. Quando você for confrontado por dúvidas e ouvir as reclamações de sua mente, pergunte a si mesmo se o que está ouvindo provém realmente de você. Você realmente quer ser rabugento, enraivecido ou maldoso? É isso o que realmente quer ser? A resposta é sempre não.

3: Desvende o medo

O resultado de sua análise deve revelar o centro do problema — o medo. Alguns medos são racionais. Se você duvida se deve pular da janela de um avião com um pára-quedas que você mesmo preparou — sem nunca ter tido aula com um profissional sobre como fazer isso —, então, seu medo de morrer é bem realista. Aqui, a dúvida está dizendo para que você repense sobre essa decisão em particular.

Quando Sir Ernest Shackleton partiu em missão para a Antártica, essa mensagem era alta e clara. Shackleton se deparou com obstáculos inesperados provocados por pessoas céticas durante todo o processo de planejamento.

"Você realmente acha que pode fazer isso?", perguntavam essas pessoas.

"Sim", respondia Shackleton enfaticamente. Ele não tinha qualquer dúvida sobre o sucesso da missão. Mais tarde, ele encontrou o rei da Inglaterra e, ao se despedirem, o rei perguntou a Shackleton: "Você sente medo?"

Shackleton virou-se, olhou para o rei e respondeu simplesmente: "Sim."

Todos temos a escolha de ter dúvidas e permanecer parados, ou enfrentar o medo e seguir adiante.

4: Agradeça à sua dúvida

O próximo passo é concluir que você recebeu um presente, uma oportunidade de crescer. Dúvidas são exatamente isso: uma chance de descobrir quais são as suas partes que necessitam de atenção. Dúvidas, assim como bloqueios, forçam você a parar no meio do caminho e reexaminar as alternativas que tem para seguir em frente. Se você ignorar as dúvidas, pode acabar num caminho tortuoso. Se você as ouvir e lidar com elas adequadamente, então pode esperar ansiosamente por uma viagem muito mais confortável.

A ação seguinte óbvia é a gentileza. Qualquer pessoa que lhe dê um presente de valor merece seu agradecimento. Agradecer a esse bloqueio pela mensagem passada é necessário; trata-se de uma afirmação consistente de que você realmente entende seu valor. Isso pode parecer absurdo. Como é possível ficar feliz diante de um bloqueio? Mas esse bloqueio consiste realmente em uma oportunidade para um exame de consciência necessário. Esse é o maior presente de todos e o ajudará a fazer com que a próxima etapa de sua viagem seja mais suave.

5: Comece a agir

E agora o teste. Comece a agir. O desafio é equilibrar duas forças opostas: a mente, que diz uma coisa, e seus instintos, que dizem outra. Isso é normal. Leva algum tempo até que essas forças trabalhem em harmonia. Seja proativo e comece a agir agora.

Esses cinco passos conduzirão você ao caminho certo para, proativamente, se mover entre os bloqueios. Mas, se você ainda não está certo disso, não permita que essa situação o impeça de agir. Como Oliver Wendell Holmes Jr. disse certa vez: "Quando estiver em dúvida, aja." É isso mesmo, drible-a!

Mudar seu comportamento não é algo fácil de fazer e, certamente, não é instantâneo. Exige que você aprenda novas alternativas. E novas habilidades levam algum tempo para se integrar a seu ser. Então, proceda como se já estivesse lá. Você ficará maravilhado com a velocidade com que seu conhecimento vai alcançar suas ações.

A vida é, na verdade, muito boa. Ela pode ser um jogo de ganhar ou ganhar, desde que você entenda que o que está em seu caminho está lá de fato, para suavizar a viagem para você. Com essa percepção, você estará dando passos importantes para criar uma vida repleta de certezas. Depois, quando você entender sua real importância, leve a busca a um outro nível, mais elevado.

Consolidando certezas a partir da Estratégia 3

1. Lembre-se da última vez em que teve dúvidas. Você deve se lembrar de um sentimento de angústia em

seu interior, uma falta de desejo e uma resistência a tentar algo novo ou até mesmo vergonha e perturbação. Escreva as mensagens que enviou a si mesmo quando estava vivendo esse momento.

2. Pegue essas mensagens e descreva o cenário com o máximo possível de detalhes. Essa descrição, muitas vezes, dá a você pistas importantes dos medos subjacentes que estavam em processo.
3. Com o dom da percepção tardia, alivie essa situação, recorrendo aos cinco passos. Que atitudes você tomaria?

ESTRATÉGIA 4

Reconheça sua importância

Todo mundo que chegou onde ele está
teve que começar de onde ele estava.

— Richard L. Evans —

Todos gostamos de saber o que fazer da vida. Algumas vezes, nossos esforços são recompensados com dinheiro, prêmios e posses. Outras vezes, recebemos recompensas imateriais, como amor, respeito e reconhecimento. Independentemente do tipo de recompensa, muitas vezes temos um desejo maior: a necessidade de saber que somos importantes. Essa recompensa final não é dada automaticamente. Tem de ser conquistada.

Certa vez, um amigo escritor teve um desentendimento com seu editor. Ele escrevera um livro formidável e queria trabalhar com o editor para colocá-lo no mercado. Encontraram-se para discutir planos para a divulgação do livro. No entanto, dos 15 planos apresentados por meu amigo, somente um foi executado. Repetidamente, meu amigo ligava para seu editor e perguntava-lhe o que estava acontecendo com todos os seus outros planos. Finalmente, o editor, frustrado, disse: "Ouça, seu livro é apenas 1 dos 70 que estamos tentando divulgar." Que choque para o meu amigo! Esse comentário o atingiu em cheio. Era como se uma estrela reluzente e brilhante percebesse de repente que o céu estava repleto de bilhões de outras estrelas iguais a ela.

Meu amigo não desistiu e disse: "Mas meu livro é diferente. Ele vai se tornar o próximo livro mais vendido desta editora." Todo autor provavelmente diz a mesma coisa, mas o fator fundamental é que, enquanto meu amigo tinha certeza da qualidade de seu livro, o editor não tinha. A dura realidade é que meu amigo não havia conquistado a certeza de seu editor. Quando John Grisham quer alguma atenção, todos ficam a postos. Por quê? Porque ele adquiriu importância. Como? Dinheiro, volume de publicações e a capacidade de atrair a mídia. Importância não é um direito; é um presente que damos a nós mesmos por meio de muito trabalho. Na Estratégia 4 você aprenderá sobre sua importância e os princípios que precisa para conhecer a fundo a maneira de alcançá-la.

Realização: o grau da importância?

A maioria de nós considera pessoas importantes aquelas que realizam grandes feitos. Mas quando a importância de uma pessoa é determinada pelo que ela realiza, isso acaba sendo uma receita de desapontamento. O resultado final da existência é freqüentemente nomeado como sucesso ou fracasso, sem meio-termo. Sucesso é, muitas vezes, nada mais do que um momento com nada para motivá-lo a dar o próximo passo. Certa vez, o ator Billy Bob Thornton perguntou: "Vocês querem que minha lápide diga apenas 'Ele fez alguns filmes?'"

A vida não é sempre gentil. Freqüentemente, encontramos obstáculos em nosso caminho para testar nosso valor. Quando baseamos nossa importância naquilo que realizamos, o fracasso fica à espera para saltar e nos atingir em cheio. O fracasso tem um significado negativo e pode prejudicar sua noção de valor, atacando sua noção de importância. O fracasso pode ser doloroso, perturbador e humilhante. Pode deixar qualquer um permanentemente abalado. Mas também pode ter um aspecto positivo. No programa de tevê *Tonight Show,* o apresentador James Carvelle perguntou ao convidado Robin Williams: "Quantas piadas você já contou e não deram certo?" Williams simplesmente perguntou: "Quanto tempo você tem?"

Habitualmente, quando estou dirigindo de volta para casa, passo por um dos principais criadouros de cavalos puros-sangues do Canadá. Muitas vezes, paro para olhar aqueles magníficos animais. Cavalos puros-sangues são criados para vencer. Cavalos de corrida como Man of War, Secretariat e Northern Dancer se tornaram lendas como resultado de suas realizações. Antes de cada corrida, os cavalos são exercitados. Depois, são privados da aveia e do feno matinais para que seus estômagos estejam vazios durante a corrida. Esse "esvaziamento" do estômago dos cavalos é importante porque fazer a digestão gasta a energia que precisará ser utilizada durante a disputa. A ingestão de água também é reduzida a ponto de mantê-los apenas hidratados. Depois que a corrida termina, o cavalo vitorioso vai para o círculo do vencedor com seus donos para receberem o prêmio e serem fotografados. Os perdedores voltam ao estábulo, onde podem, enfim, se alimentar.

Agora, se você fosse o cavalo, onde preferiria estar? No círculo do vencedor ou tomando seu café-da-manhã tardio? Quem é o verdadeiro vencedor da corrida? Tudo depende de sua perspectiva e envolve o verdadeiro propósito de seu suposto fracasso.

Pessoas que têm certezas entendem o fracasso e podem evitar o prejuízo com um escudo protetor. Esse escudo é a consciência de que tudo acontece por alguma razão. Todas as piadas que não deram certo fizeram que Robin Williams chegasse às piadas que funcionaram. A pessoa que tem certeza entende que nada acontece por acaso. Tudo tem um motivo — até mesmo o fracasso. Em sua autobiografia, Walt Disney escreveu: "Um dos melhores acontecimentos na minha vida foi ter entrado em falência quando era jovem." Embora isso tenha sido certamente doloroso, ele se saiu bem e prosperou.

Se você tem uma certeza interior, então estará bem, não importa o que o mundo atire em sua direção. A verdadeira importância é gerada interiormente. Como você aprendeu na Estratégia 3, os obstáculos ou fracassos que você enfrenta são um presente de seu medo.

A importância dos pequenos atos

Na verdade, todos somos importantes. Toda ação está conectada. Bill e Melinda Gates podem doar 24 bilhões de dólares para melhorar a assistência médica das crianças, mas um ato dessa grandiosidade tem mais importância do que um pequeno ato de bondade dirigido a um estranho? Não.

Tanto Ivan Vaughan quanto Jacob Einstein tinham algo em comum. Faziam pequenas ações que afetavam nossa visão do mundo. A importância vem desses pequenos atos. Ivan Vaughan era amigo de Paul McCartney, a quem convidou para ouvir o grupo The Quarrymen tocar em 1957. Um membro de The Quarrymen era amigo de Ivan: John Lennon. E o resto você já sabe.

Jacob Einstein emprestou um livro de álgebra ao sobrinho, que havia entrado no ensino médio no Colégio Luitpold, em Munique. Como a educação de seu sobrinho era mais focada em latim e grego do que em matemática e ciências, Jacob ensinou álgebra a seu sobrinho como um jogo. Mais tarde, o jovem Albert Einstein usou a abordagem do tio em seu trabalho. O resto você já sabe.

Todo dia, pequenos atos podem ter uma importância fora de nossa percepção imediata. Se soubéssemos o impacto que alguns de nossos pequenos atos de bondade têm, ficaríamos surpresos. No filme de Frank Capra *A Felicidade Não Se Compra,* o protagonista, George Bailey (interpretado por James Stewart), ergue-se novamente na vida com a ajuda de um anjo chamado Clarence. Quando George, pouco a pouco, percebe que sua vida tem um significado, diz: "Estranho, não? A vida de cada homem afeta tantas outras vidas e, quando ele não está presente, deixa um buraco terrível, não é?" George mudara o curso da história para muitas pessoas na cidade. Sem a presença dele, o mundo teria sido um lugar muito diferente. E todos somos como George Bailey.

Certa vez, vi a propaganda de uma organização chamada Corporate Angel Network. Um grupo de 56 das 100 companhias mais prósperas com um aspecto em comum — jatos corporativos. Esses jatos, que entrecruzam a Terra diariamente levando executivos de uma reunião para outra, muitas vezes não voam com sua capacidade máxima. Assim, a Corporate Angel Network controla esses assentos desocupados e distribui passagens para pacientes com câncer. Um pequeno gesto, mas que, com esses vôos, já realizou mais de 14 mil viagens gratuitas para pacientes com câncer.

Compartilhando seu jato corporativo ou ensinando uma criança a jogar beisebol, suas ações são importantes. É como a história da borboleta que bate as asas e causa um tornado do outro lado do planeta. Todos temos nossa importância. Os pequenos atos ativam forças que têm repercussões infinitas.

O VERDADEIRO GRAU DA IMPORTÂNCIA

Importância e certeza andam de mãos dadas. Se você baseou toda a sua auto-imagem em um grande sucesso financeiro, está correndo um grande risco. Fortunas podem acabar rápido demais. Mas, se você olhar para a imagem geral, e perceber que, como George Bailey, ações irrelevantes para você podem significar muito para outra pessoa, a noção sobre sua importância pode mudar. Sua visão, do ponto de vista de uma águia, faz com que você entenda o que realmente significa ter importância.

Se poder, reconhecimento e realização não são a medida real de nossa importância, então o que seria?

Humildade, solidariedade, renúncia, compaixão, esperança e uma compreensão de tudo o que temos e somos: isso é o que nos faz verdadeiramente importantes. Se definimos importância dessa forma, somos os juízes do que ela representa e, assim, adquirimos muito mais confiança em nós mesmos. Em vez de nos avaliarmos por padrões preestabelecidos, lutando por objetivos sem valor, podemos agir com o coração. Só então entenderemos nossa importância real.

Humildade

Certa vez, um rabino fez uma palestra para um grupo de homens e mulheres que construíram empresas de sucesso e acumularam considerável riqueza pessoal antes de chegar aos 40 anos. Ao se dirigir a esse grupo de pessoas importantes, ele falou sobre o poder da oração e seu verdadeiro objetivo. Na tradição judaica, existem muitas orações que começam da mesma maneira: "Abençoado seja, nosso senhor, Criador do universo, que dá à luz..." O objetivo dessas orações, de acordo com o rabino, é fazer com que você encare a realidade. Podemos fazer comida sem qualquer ingrediente ou material, fazer o Sol nascer ou garantir amor eterno? Somos, com certeza, parte importante de uma obra maior, mas não somos onipotentes. Precisamos entender que cada um de nós é apenas um jogador no tabuleiro de xadrez. Não só nossas ações provocam mudanças, como também as ações externas a nós as provocam numa mesma intensidade.

Para muitos de nós da "Me Generation"* éramos o centro do universo. Éramos como Sherman McCoy, protagonista de *A fogueira das vaidades*, de Tom Wolfe, que se auto-intitulava "mestre do universo". No entanto, a percepção de que, embora pequenos, somos parte de uma obra maior, coloca nossa importância em perspectiva.

SOLIDARIEDADE

Depois do 11 de Setembro, estrelas norte-americanas da música e do cinema se reuniram e fizeram uma campanha na televisão para arrecadar a verba necessária. Por meio de doações de 5 ou 10 dólares, vindas de pessoas comuns, foi possível arrecadar uma quantia de mais de 1 bilhão de dólares. Isso é participação!

Embora a solidariedade seja inata, esse princípio a leva um passo adiante: não precisamos de grandes catástrofes para despertar nossa capacidade de dividir. A solidariedade é algo que acontece no dia-a-dia.

---

* Geração assim nomeada em 1970, caracterizada pelo egocentrismo e pela valorização do individualismo. (*N. do E.*)

Em hebraico, *tzadaka* significa divisão. *Nedava,* uma palavra intimamente relacionada, significa generoso. No entanto, há uma diferença entre ambas. Com *tzadaka,* não existe escolha — temos de dividir —, mas *nedava* implica seleção — nós escolhemos ser generosos. *Tzadaka* é uma responsabilidade. Crianças judias aprendem que dar alguns centavos aqui e ali, ou compartilhar alegria com aqueles que precisam de nosso sorriso, é algo que devem fazer, não por generosidade, mas por uma obrigação moral.

Solidariedade pode incluir contribuir para alguma arrecadação, segurar a porta para alguém que precisa de ajuda, ser o mentor ou voluntário em sua comunidade. Não existem limites para a solidariedade.

Renúncia

Antes de alcançarmos a verdadeira certeza, precisamos desistir de objetivos que nos causam dúvidas. Só assim podemos atingir o ponto em que podemos dizer: "Essa é a vida que quero levar."

Há uma palavra tibetana, *ye tang che. Ye* significa totalmente ou completamente e *tang che* significa exausto. Juntas, *ye tang che,* significam desistir. Este é um ponto importante que temos de alcançar para nos tornarmos pessoas diferentes. O monge zen Ryokan diz: "Se você quer achar o significado, pare de buscar tanto. Sua importância no mundo é encontrada quando você renuncia àqueles objetivos que pensou serem tão importantes e aceita quem você é e o que tem de dar."

Compaixão

Da posição vantajosa da águia, nas alturas, tudo na paisagem tem um papel importante. As árvores, os animais, os rios e os oceanos constituem uma parte integral do todo. A compaixão começa com a compreensão de que todos estão em uma jornada. Ao contrário de menosprezar os desabrigados ou de ser impaciente com funcionários que "apenas não conseguem entender", precisamos olhar para todos de peito aberto. É necessário que entendamos que eles têm um papel crucial a cumprir. Segundo madre Teresa: "Se você julga as pessoas, não tem tempo para amá-las." A compaixão coloca a importância delas em perspectiva.

Nossa realização importante

Quando assistimos a programas de televisão e lemos artigos que celebram a prosperidade e as realizações de ricos e famosos, é fácil ficarmos presos a esses produtos e atitudes impressionantes, e pensar que isso é importante. Mas, quando damos um passo para trás, fica bem claro que aquilo que é realmente importante não é medido pela aparência, mas pelo que sentimos. Nossa verdadeira importância se baseia em nossa humildade, solidariedade, renúncia e compaixão. Se nos doamos espontaneamente, nos livramos de nossos objetivos desorientados e percebemos que todos são importantes e valiosos. Só então nos sentimos mais importantes e seguros. Não esperamos para ver se vencemos o jogo, pois temos certeza de que jogamos como vencedores.

Reconhecer a própria importância é a primeira de um plano de três partes. A próxima questão é "Qual é o seu objetivo?", seguida de outra, essencial: "O que você pretende?"

Consolidando certezas a partir da Estratégia 4

1. Pense em alguma vez que você tenha agido como um verdadeiro idiota. Pode ter sido uma situação com a família, os amigos e colegas. Escolha um momento em que tenha se sentido desconcertado ou envergonhado pela maneira como agiu. Recorde-se dessa experiência com a maior riqueza de detalhes possível e anote-os sob seu ponto de vista.

2. Agora, diga a si mesmo: "Sim, fui um idiota — o que eu aprendi com essa situação?"
3. Pense nisso do ponto de vista das pessoas que estavam envolvidas. Encontre algo positivo que você tenha aprendido com cada pessoa.
4. Pense nos princípios da Estratégia 4. Como eles afetam a maneira como você encara essa situação?

ESTRATÉGIA 5

DESCUBRA SEU OBJETIVO

Você tem de fazer o que precisa ser feito.

Martin Luther King Jr.

"Qual é o meu objetivo?" Esta é uma questão com a qual todos lutamos alguma vez na vida.

Alguns de nós temos sorte. Desde cedo, algumas pessoas afortunadas têm uma noção clara de sua importância e de seu objetivo. Para outros, aqueles que progridem mais tarde, o objetivo emerge à medida que vão envelhecendo. Há, ainda, um terceiro grupo, que procura por um objetivo e parece nunca encontrá-lo. E esses objetivos, muitas vezes, caminham ao seu lado, sem que você saiba. A Estratégia 5 vai ajudá-lo a produzir o ambiente adequado para que, quando você e seu objetivo se cruzarem, você não se limite a caminhar ao lado dele, mas pare e o abrace resolutamente.

UTILIZE SEU OLHO DE ÁGUIA

Onde moro, há um campo de girassóis. Quando eles florescem, atingem um metro e meio a dois metros de altura. Milhares de girassóis lado a lado, como filas de soldados com o rosto voltado para o Sol. Quando o vento sopra, eles se movem em harmonia. Há um suave movimento para a esquerda e, depois, para a direita, como uma reação instantânea à mudança das brisas do fim do verão.

Os motoristas que passam por ali param para fotografá-los enquanto tentam captar seu movimento. O campo é o que deveria ser. Cada girassol tem um papel integral; se um deles não floresceu totalmente, quebra a harmonia do campo inteiro. Surge um defeito na figura até então perfeita. À primeira vista, temos um grupo de flores idênticas, mas é apenas uma ilusão. Nem todos os girassóis são idênticos. Alguns são pequenos; outros, grandes. Alguns têm muitas sementes no centro; outros, poucas. Mas, apesar dessas diferenças, cada girassol é necessário. Cada um tem uma função importante para fazer com que a visão do campo seja tão bonita.

Cada um de nós é como um girassol. Ocupamos um lugar importante no campo da vida. Imagine que um extraterrestre esteja observando a vida na Terra. Para ele, todos os habitantes de nosso planeta são iguais. Alguns mais claros, outros mais escuros; alguns altos, outros, baixos, mas, basicamente, todos parecemos iguais como os girassóis. Nós, seres humanos, seríamos observados em nossas rotinas diárias e governados por nossa própria brisa do fim do verão, que nos move para a frente e para trás. Desse ponto superior inigualável, o observador com a visão da águia vê os modelos da humanidade.

Mas nós estamos no centro da ação. De nosso ponto superior limitado, podemos diferenciar um ser humano do outro. Mais freqüentemente do que o contrário, nossas percepções e as reações das pessoas se baseiam nessas diferenças. Comparamos as diferenças físicas óbvias, e aquelas que não são visíveis, como nossas realizações.

Algumas pessoas terão riqueza, fama, notoriedade, amor ou respeito. Muitas vezes, esses indivíduos que alcançaram um sucesso extraordinário se tornam um modelo que nos esforçamos para imitar. Nós, erroneamente, concluímos que, se imitarmos as ações deles ou comprarmos os produtos que eles apóiam, poderemos ser mais parecidos com eles ou tão famosos e bonitos quanto Julia Roberts, tão inteligentes quanto Albert Einstein ou tão ricos quanto Bill Gates. Mas olhar para o nosso objetivo à sombra das realizações dessas pessoas significa baseá-lo no ego. Assim, quando fracassamos em ficar à altura deles, culpamos o mundo ou a nós mesmos por todas as imperfeições. É como se um girassol dissesse que gostaria de ser o mais alto do campo. Quando outro o ofuscasse, o girassol ambicioso diria: "Este campo é uma droga!" Esse tipo de abordagem, baseada no ego, faz com que desperdicemos nosso precioso tempo na Terra.

Bill Gates acumulou uma fortuna de dezenas de bilhões de dólares. Cobiçar isso ou estabelecer esse ponto como seu objetivo é o mesmo que jogar na loteria.* Quase nenhuma chance. É fácil comprar um bilhete em qualquer uma das inúmeras lotéricas com 1 dólar ou 2 nos Estados Unidos, mas suas chances de tirar a sorte grande são de 20 milhões em uma. Mas, no mundo, há milhões de pessoas e só uma teve a sorte de Bill Gates. Você está preparado para apostar sua vida inteira para ganhar um prêmio igual ao de Gates? Pense nas probabilidades. Não há certeza em objetivos irreais.

É hora de se esforçar. Nosso visitante do espaço tem uma vantagem inigualável — distanciamento. Ele pode olhar de maneira dura e fria para o todo, sem identificação. O extraterrestre está de fora e consegue ver que cada pessoa contribui para o todo. Como um time profissional, nós trabalhamos melhor quando cada jogador está em sua melhor forma. Uma injúria afetará o time inteiro. Cada um de nós também pode olhar com

---

* No Brasil, o bilhete de loteria é gratuito, paga-se a aposta. (*N. do E.*)

distanciamento por intermédio de nosso olho de águia. Mas conseguir visualizar essa obra maior não significa que seu objetivo dará um salto e morderá seu tornozelo. Esse distanciamento do que é cotidiano apenas dá a você uma visão mais honesta de si mesmo e uma compreensão de como você se encaixa no todo. Mourning Dove, um nativo da tribo Salish, afirmou, certa vez: "Tudo na Terra tem um objetivo; toda doença e toda pessoa, uma missão." Os próximos quatro passos guiarão você às pistas que desvendam um dos maiores mistérios da vida — seu objetivo.

Enfrente o desconhecido

Na Estratégia 4, você aprendeu a parar de basear sua importância em referências exteriores: sua verdadeira importância vem de dentro de você. Você realizou isso se focando nas pequenas coisas cujo valor, normalmente, você não reconhece. Mas, se você parar sua viagem aí, estará enfrentando o desconhecido sem senso algum de objetivo. Precisamos de objetivo; sem ele, passeamos desorientados na vida, sem realizar nada.

Esse desconhecido pode trazer medo e incerteza. Com ele, você pode se sentir desorientado e confuso. Todos os seus sentidos clamam para que esse vazio seja preenchido com algo familiar, e você pode se sentir tentado a alcançar os objetivos ilusórios que abandonamos na última estratégia — apenas para não enfrentar o desconhecido. Como Leo Buscaglia escreveu: "Todos tememos o que não conhecemos — é natural."

Imagine a tripulação das três embarcações de Cristóvão Colombo quando partiu para a viagem à Ásia. Naquela época, todos acreditavam que o mundo era quadrado e que, se você fosse muito longe, poderia cair no abismo. Essa tripulação embarcou numa viagem rumo ao desconhecido. O desejo por riqueza, o senso de aventura e a certeza em relação aos seus objetivos fizeram com que eles seguissem em frente. De algum modo, um futuro ocupado por fama, dinheiro e proeza era um motivador muito maior do que o risco relativo à sua morte no abismo. Como a tripulação de Colombo, temos uma escolha: podemos viver de incertezas, abraçando ilusões, ou podemos enfrentar o desconhecido e encontrarmos nossas certezas.

Seu futuro existe apenas em sua imaginação. Você não pode ir direto até o final e dar uma espiada no último capítulo. Você tem de viver capítulo a capítulo e esperar que a história prossiga. Todo dia, você encara o desconhecido e se pergunta: "Como vai ser esse dia? Um desastre natural vai destruir tudo o que eu tenho? Serei despedido? Meus filhos chegarão para o jantar na hora?" O melhor que você pode fazer é desejar ver o desconhecido com seus próprios olhos e de peito aberto. Sinta o mundo enquanto ele se revela à sua volta. Como Thomas Fuller escreveu: "Aquele que não teme o futuro pode aproveitar o presente."

Lembro-me de momentos em que ficava sentado na sala de jantar de meus pais ouvindo histórias sobre meus antepassados e o que eles fizeram. Uma das histórias girava em torno de um parente que havia feito fortuna e, em seguida, perdido tudo. Ele comprava uma casa, mudava-se com toda a família, reformava-a e depois a vendia com uma pequena margem de lucro. Ele fez isso várias vezes e, finalmente, acumulou uma grande fortuna — ouvi meus pais contarem que, em determinado ponto da vida, meu antepassado tinha muito poder em New Jersey. Depois, por azar, perdeu tudo.

Um outro parente perdeu uma fazenda porque não conseguiu pagar os impostos. A fazenda fica agora num lugar movimentado no centro de Toronto. Atualmente, a propriedade vale milhões. Outras vidas foram recapituladas em uma única frase: "Este escreveu um best-seller", "Esta se casou cinco vezes", "Este ficou preso por um tempo", "Esta foi detida numa passeata feminista".

Pense em seus antepassados. O que você lembra a respeito deles? A vida deles pode ser recapitulada em uma única frase? Com certeza, eles fizeram mais do que isso, mas a dura verdade é que, daqui a algumas gerações, uma frase pode ser tudo o que dirão sobre você também.

Então, vamos controlar o futuro e escrevê-lo com nossas próprias palavras. O que você quer que os outros digam ao recapitularem sua vida? Não é uma tarefa fácil, mas se focar nessa questão o ajudará a enfrentar o desconhecido.

O futuro é seu. Você decide. Mas, a menos que você esteja disposto a se arriscar e abraçar o desconhecido, será apenas um observador nessa viagem maravilhosa que é a vida. Aceitar o desconhecido abre um mundo de descobertas e de novas possibilidades à medida que você se movimenta em direção ao seu objetivo. Também consiste em um passo crucial em direção a uma vida cotidiana plena de certezas.

Conviva com o enigma

Fazer perguntas, muitas vezes, representa a primeira parte do exercício para que você descubra quais são seus próprios objetivos. Em nossa sociedade da informação rápida esperamos respostas imediatas. A impossibilidade de prever uma resposta pode nos deixar confusos ou com raiva. Este é o dilema com o qual os políticos se defrontam diariamente. Se escolhem tomar uma iniciativa com objetivos claramente definidos que podem ser alcançados em um tempo determinado, têm uma boa chance de permanecer no poder. Políticos que implementam iniciativas que resolverão problemas em longo prazo, com resultados que não são imediatamente visíveis, acabam enfrentando a cólera dos eleitores.

Os maiores pensadores de todos os tempos fizeram perguntas importantes e depois passaram a vida refletindo sobre as respostas. A busca de Stephen Hawking por uma teoria do universo unificada é um ótimo exemplo. Ele passa o tempo jogando com as idéias como uma criança brincaria na areia. Ele não tem certeza do que fazer com seu monte de areia, mas sabe que a diversão é brincar com ela. E, acima de tudo, sabe que tem de construir o castelo antes que a onda destrua.

No entanto, essas perguntas não estão restritas apenas a intelectuais como Stephen Hawking. Elas fornecem a todos nós motivação para que sigamos em frente. Nosso objetivo é, muitas vezes, revelado por essas grandes questões, que fazem com que nos afastemos do cotidiano, do prosaico de nossa vida, e vejamos o mundo sob a perspectiva de uma águia.

O truque é fazer perguntas a si mesmo e estar preparado para viver com esse enigma até que as respostas surjam. Aprecie a alegria de pensar nelas em primeiro lugar. "Posso ser lembrado como um grande músico?" "Posso montar uma empresa que dure por gerações?" "Posso legar à minha família valores que durem para sempre?" Uma pergunta, muitas vezes, inicia milhões de outras. Quanto mais você pensar sobre isso, mais perguntas serão formuladas.

Essas perguntas que o guiam a seu objetivo, muitas vezes, surgem espontaneamente. Você pode estar sentado num shopping movimentado e perguntar-se: "O que tudo isso significa de verdade?" Talvez, em seu carro, você se pergunte: "Por que estou com pressa?" No meio da noite, você pode acordar com um desejo ardente de saber se está no caminho certo. Memorize essas perguntas quando elas aparecerem. Mantenha a lista sobre a sua mesa-de-cabeceira, em seu computador ou em qualquer lugar em que você a encontre com facilidade. Quando novas perguntas surgirem, anote-as.

Olhe a sua lista regularmente e você encontrará alguns registros surpreendentes. O primeiro é que algumas perguntas realmente não merecem atenção. É possível que, depois de algum tempo, quando você voltar à sua lista, simplesmente balance a cabeça e tente entender por que passou tanto tempo pensando em uma determinada questão. Pode ter parecido importante naquele momento, mas, depois, com um certo distanciamento, percebe-se que, na verdade, não era. Tudo bem. É melhor anotar todas as suas perguntas e revisá-las mais tarde. Analisá-las imediatamente, ou um pouco depois, muitas vezes sufoca o processo criativo que você está querendo iniciar.

Você também encontrará perguntas em sua lista que serão facilmente respondidas. "As pessoas me amam de verdade?" Para chegar a essa resposta, saia e converse com as pessoas que você ama. Elas vão afirmar que você é amado. "Posso aprender a tocar guitarra?" Algumas aulas práticas deixarão isso claro bem rápido. Estas perguntas são fáceis e simples. Agora, façamos as perguntas que realmente têm valor.

Certa vez, Joan Baez disse: "Desde que você se mantenha na busca, as respostas chegam." As respostas podem não ser aparentes à primeira vista, mas, com algum tempo e reflexão, você reduzirá sua lista àquelas perguntas que merecem que você invista sua vida para responder. Com essa pequena lista, você pode iniciar o processo de busca por respostas verdadeiras. Depois de um certo tempo, você descobrirá que existe um determinado padrão em suas perguntas — um fio invisível que as une.

Perguntas com respostas que não são imediatas podem parecer contrárias a uma sociedade que resolve tudo com tanta rapidez. Mas aceitar essa espera e esse enigma é a única maneira de deixar que as respostas encontrem você.

Acolha sua predisposição

Quincy Jones adora música e isto define quem ele é. A música guia sua vida e seus negócios. Stephen Hawking ama a ciência. Stephen King adora escrever. Meu pai amava sua família. Madre Teresa amava ajudar. O que é verdadeiro para pessoas excepcionais também o é para todos nós: todos temos alguma predisposição a isso. Aqueles que levam uma vida de desespero silencioso simplesmente não acharam (ou tomaram ciência) de sua vocação.

Imagine visitar a fábrica da General Motors e observar os funcionários produzirem as partes de um carro: freios, lanternas traseiras, motores, assentos e faróis. Uma enorme quantidade de partes individuais produzidas, unicamente, para fazer com que o carro funcione. Um tubo de aspiração é um tubo de aspiração e não faz sentido algum tentar fazer com que ele aja como um pára-brisa. Somos assim. Goethe escreveu: "Se Deus me quisesse de outra maneira, teria me criado de modo diferente." Somos criados para os nossos objetivos.

Somos todos feitos de maneira diferente. Temos capacidades, aptidões e habilidades diversas. Alguns de nós têm um físico que oferece vantagem como dançarinos. Outras pessoas têm uma habilidade inata para a pintura; enquanto outras podem tocar qualquer instrumento musical. Depende de cada um de nós descobrir para que fomos criados.

É fácil ser seduzido por uma fantasia impressionante e maravilhosa mas que não tem nada a ver com você. Você pode dizer: "Gostaria de ser tão rico, famoso e talentoso quanto o jogador de golfe Tiger Woods." Isso é uma fantasia. Existe apenas um grupo seleto de pessoas que podem chegar lá. Você, realmente, tem o que é preciso para se unir a esse grupo? Fantasias precisam ser mantidas em seu devido lugar. Não fazem parte do mundo real. Sir Walter Raleigh conhecia seus limites quando escreveu: "Não consigo escrever um livro equiparável à obra de Shakespeare, mas posso escrever um livro equiparável a mim mesmo."

Os sinais que o mundo nos oferece em relação ao que somos capazes de fazer, muitas vezes, não são glamourosos, mas muito triviais. Conheço um escultor bem-sucedido que também é engenheiro e que, antes de se tornar um artista em tempo integral, trabalhou para uma grande empresa de serviços públicos. Agora, ele fala sobre apresentações que fez, nas quais, satisfeito, enfeitou seus slides com desenhos feitos à mão. Um funcionário público que conheço sempre se interessou por hóquei e crianças. Agora, pode ser encontrado ensinando hóquei para iniciantes. Uma terceira amiga minha passou a vida organizando eventos, como feiras de negócios, conferências e festas de Natal para empresas. Agora, ela é diretora-executiva de uma companhia de teatro local.

Você pode ignorar esses sinais, mas eles não irão embora. Sua verdadeira vocação continuará aparecendo, como um vizinho insistente que você tenta evitar, até que se torna finalmente impossível fazê-lo.

Você pode pensar que seu bom senso está lhe dizendo para ignorar sua vocação. Deixe-me explicar. Vamos supor que você tenha paixão por andar de bicicleta. Você percebe que tem o físico adequado, que ama o esporte e sente uma enorme atração por tudo que tenha a ver com bicicletas. Se você diz: "Amo andar de bicicleta, mas não posso viver disso", e deixa esse interesse de lado enquanto se dirige ao desafio prático, por exemplo, pagar o aluguel, estará causando dano ao seu objetivo. Escolher ignorar sua vocação por causa de um pagamento de maior valor não apagará essa vontade. Independentemente do caminho escolhido, você sempre retornará à bicicleta. Isso sempre fará parte de você. Além disso, não acredite que tudo se resume a uma escolha conflituosa. Você *pode* ter tudo — apenas não confunda o trabalho que você faz por dinheiro com aquele que você faz porque é sua vocação.

Você tem 8.760 horas para gastar a cada ano. Se você gastar 1.600 horas trabalhando e outras 2.920 dormindo, ainda restam 4.240 horas para dedicar aos seus talentos naturais. Você poderia andar por metade do mundo nesse tempo!

O que quer que você escolha estará bem — não é isso que importa. A vida não é apenas um resultado. É um jogo, e não importa o que você escolha. Se tiver feito a grande escolha de ser um vencedor, você vai vencer. Se você disser: "Quero realmente passar mais tempo jogando golfe, mas não posso fugir das pressões do escritório", você tem uma escolha a fazer. Você pode apenas reclamar disso ou seguir o programa — tudo bem. A vida é assim.

Os xamãs falam sobre "a roda do tempo". Essa roda é feita de vários raios, cada um conduzindo a uma direção diferente. Cada raio representa um outro caminho a ser seguido. Infelizmente, parece que nos focamos em apenas um e, freqüentemente, ficamos presos a ele. Se você permanece focado no raio, fica limitado, e a certeza permanece indistinta. Assim que você focar na roda inteira, atrairá potenciais ilimitados para a sua vida. Isso significa que você terá uma visão de 360 graus. Você pode ver em todas as direções, e isso o coloca em uma posição segura. É assim que o jogo da vida precisa ser jogado. Não aja de má vontade em relação ao tempo que passa longe daquilo que você se sente mais próximo — compense de outras maneiras.

Reconhecer e honrar sua vocação representam o maior presente que você pode dar a si mesmo. Ele abre a porta a potenciais ilimitados.

Espere

Seu objetivo tem milhares de zonas escondidas. É como brincar de esconde-esconde. Uma criança esperta que brinca e quer realmente ganhar sabe que tudo o que deve fazer é esperar: inevitavelmente, um de seus amigos irá rir ou espirrar, revelando seu esconderijo.

A Estratégia 5 não tem a ver com o encontro de seu objetivo, mas com o estabelecimento das condições adequadas para que seu objetivo o encontre. Você não pode provocar as respostas — tudo o que pode fazer é perguntar. Você estabelece as condições adequadas para a resposta e tem certeza de que, se escutar com bastante atenção, ouvirá algo.

Quando estava começando minha carreira, fiquei preso a um problema de contabilidade. Eu realmente sofri com ele, mas não conseguia encontrar a resposta de modo algum. Toda vez que eu refazia os cálculos, eles apresentavam os mesmos erros. Lembro-me de que meu chefe na época me apontou o problema. Eu lhe expliquei o que fizera e disse que não conseguira detectar o erro. Em vez de se sentar comigo para me ajudar a encontrar a solução certa, meu chefe mandou que eu fosse almoçar. Eu argumentei que preferia resolver o problema logo, para só depois relaxar e almoçar, mas ele insistiu para que eu seguisse seu conselho.

"Vá almoçar e relaxe. Quando você voltar, tenho certeza de que vai encontrar a resposta", disse ele.

Lembro-me de ter pensado que aquela era uma abordagem tola. Tudo dentro de mim me aconselhava a ficar, pois a resposta deveria ser muito simples e, com mais esforço, certamente a acharia. Mas meu chefe insistiu. Ele me deu um jornal também e disse: "Enquanto você estiver almoçando, coloque em dia as notícias." Agora tinha certeza de que ele era louco. Ir almoçar e ler o jornal enquanto deveria estar procurando o erro? O final dessa história é óbvio. Quando retornei do almoço e sentei-me à mesa, vejam só, a solução estava bem na minha frente. Sempre esteve lá.

Fico feliz por ter aprendido essa lição ainda jovem, porque houve centenas de vezes em que fiquei trabalhando em problemas em que não encontrara as respostas. Então, agora, faço uma caminhada, toco o violão ou corro na esteira para afastar minha mente do problema. A resposta não estará lá necessariamente no momento em que eu parar, mas ela virá. Afastar-se do problema e ocupar-se com outra coisa representam a melhor solução. Henry David Thoreau escreveu: "O sucesso geralmente vem para aqueles que estão ocupados demais para procurar por ele."

O mesmo princípio aplica-se às questões maiores, que conduzem a seu objetivo na vida. Isso não é como completar tarefas ou pensar em uma solução administrativa; essas questões têm um alcance maior e levam mais tempo para se filtrarem em seu cérebro. Faça a pergunta e depois, pacientemente, aguarde a resposta. Enquanto estiver esperando, prossiga vivendo, ciente de que um dia a resposta virá até você.

Uma vez que você tenha feito a pergunta, não há como voltar atrás. Quer você esteja ciente ou não disso, seu cérebro estará trabalhando em direção à resposta.

Seu objetivo não é ser milionário, político, médico ou advogado e sim encontrar alegria na vida. Uma vez que você tenha aprendido a estar mais afinado com sua vocação, confrontando o desconhecido e fazendo as perguntas que realmente importam, seu objetivo único se tornará aparente para você, e a felicidade virá logo.

Enquanto você estiver esperando a resposta surgir, contudo, não fique parado. Isso leva a incertezas. Incorpore à sua vida as estratégias que está aprendendo neste livro. Seu trabalho positivo fará com que a resposta surja mais rapidamente em seu cérebro. Quando seu objetivo encontrá-lo, você estará pronto para a terceira e última parte deste plano, que teve início com o reconhecimento de sua importância. Esta última parte é a mais poderosa, porque está focada em sua atenção e, assim, fará com que seu objetivo se torne realidade.

Consolidando certezas a partir da Estratégia 5

1. Elabore uma lista de todas as atividades pelas quais você se interessa. Isto pode incluir jogar golfe, assistir à televisão, ler, viajar etc.

2. Finja que alguém acabou de lhe dizer que seu tempo foi reduzido e que você não poderá realizar tudo o que planejou. Quais itens você poderia eliminar?
3. Qualifique cada um dos itens restantes numa escala de 1 a 10. O 10 será aquele muito importante e o 1 será bom, mas que você poderia viver sem.
4. Selecione os itens que ocupam as primeiras posições em sua lista e relacione as atividades que incorporam esses interesses em sua vida pessoal ou profissional.
5. Pergunte a si mesmo: "O que isto revela para mim em relação à minha vocação?"

ESTRATÉGIA 6

PENSE COM CLAREZA

Deixe de lado todos os ruídos
e escute o som do universo.

— Anônimo —

Você sabia que o cérebro humano não pode sustentar dois pensamentos ao mesmo tempo? É verdade! Em um artigo publicado no *Toronto Star*, o professor Marcel Just, do Centre for Cognitive Imaging, descobriu que nosso cérebro não consegue fazer bem duas ações simultaneamente. Embora esse conhecimento deva alertar todos aqueles que dirigem falando ao celular, as conseqüências desse estudo vão muito além.

Quando nos focamos em uma coisa de cada vez, nossa chance de sucesso aumenta consideravelmente — com certeza. O truque é saber onde focar. É disso que trata a Estratégia 6.

"Multifuncional" é um rótulo que muitos ostentam com orgulho. A capacidade de realizar mais de uma atividade em uma sociedade repleta de oportunidades parece um talento admirável. Aparentemente, desempenhar várias funções representa uma busca por habilidade. Existem cursos que ensinam como aperfeiçoar sua eficiência, e se você fracassar... bem, você é um fracasso. Para acompanhar essa sociedade da pressa sentimos necessidade de ter mais atividades no pouco tempo disponível em nosso dia-a-dia. Podemos localizar com facilidade uma família multifuncional: quatro pessoas sentadas a uma mesa com celulares na mão, cada uma esperando por uma ligação para, assim, entrarem em ação. Com um toque, quatro mãos pegam simultaneamente os respectivos aparelhos.

Desempenhar várias funções é um fenômeno novo. Nossos antepassados tinham o privilégio de focar toda a energia na tarefa à mão — sobrevivência. Os homens da caverna contavam o tempo pela duração do dia, mas, com o desenvolvimento da sociedade, os segundos foram divididos por dez, depois por 100, depois por mil e assim por diante. Agora, o tempo é dividido em pequenas unidades imperceptíveis. Esses nanossegundos são relevantes em uma sociedade em que o ritmo em alta velocidade fez com que mais informações acessíveis ficassem disponíveis. Em um nanossegundo, os computadores podem selecionar, organizar e nos apresentar informações de tantas maneiras quanto possamos imaginar.

Nós nos infligimos uma enorme pressão para estar à altura de nossos processadores de alta velocidade.

Projetamos essas máquinas para servir à humanidade, mas a relação senhor/escravo parece estar se invertendo. O cérebro humano e o computador estão em mundos à parte.

Posso me lembrar de quando achava admirável realizar duas ou três tarefas ao mesmo tempo. Economizava tempo; fazia mais em um único dia. Recentemente, enquanto dirigia pelo interior, parei o carro para observar um fazendeiro que preparava a terra a fim de plantar as sementes. Dirigia seu trator de cima para baixo em cada fileira.

"Puxa, gostaria de saber no que ele pensa enquanto dirige seu trator", refleti. "Que grande oportunidade para deixar o espírito criativo fluir. Talvez ele tenha um gravador e... espere, Barry. Talvez ele esteja apenas guiando o trator e não enlouquecendo a si mesmo."

A não ser que pensemos de maneira crítica no multifuncionalismo, corremos um risco real de desordem cerebral. Pensar com clareza envolve um processo de ordenação. Trata-se de uma limpeza completa em seu cérebro: você joga fora aquilo de que não precisa e deixa espaço para o que é importante.

Recentemente, falei com um multifuncional declarado. Durante nossa conversa, ele admitiu que seu desafio na vida era eliminar tudo aquilo que nunca realizará e deixar lugar para tudo que certamente fará. Seu cérebro é como um reservatório cheio de trigo, aveia e cevada. Para encontrar o trigo, ele tem de procurar em meio à aveia e à cevada — uma perda de tempo e energia.

SOBRECARREGADO E SEM FOCO

Lee Iacocca, ex-presidente da Ford, afirma: "A capacidade de se concentrar e usar bem o tempo é tudo." Na verdade, a multifuncionalidade cria um ruído dentro da cabeça que não o abandona. Ele libera mensagens que vêm de várias direções, forçando você a prestar atenção em todas elas. Se você focar em apenas uma tarefa, muitas vezes se sentirá culpado em relação às outras. Sentir culpa por tarefas que não foram realizadas leva ao estresse. E isso leva a todos os tipos de problemas: doenças do coração, neurose, depressão, fumo, vício — você já sabe.

Há alguns meses, jantei com um amigo. Ele falou sobre sua namorada, que há pouco começara a trabalhar na Ásia, em um contrato de seis meses. Uma separação dessas pode ser difícil em qualquer relacionamento, então lhe perguntei: "Você vai visitá-la?"

"Espero que sim", respondeu ele.

Esta resposta me revelou a verdade. Ele não iria para a Ásia. Se fosse, sua resposta teria sido "Sim".

Acontece o mesmo com todos nós. Há tarefas que sabemos que serão realizadas e outras que sabemos que deveríamos realizar. Os últimos itens da lista são, muitas vezes, esquecidos.

Quando sobrecarrega seu cérebro com muitas tarefas, você reduz as chances de realizar com êxito os itens de sua lista de tarefas a fazer e suas chances de ter certeza em relação a elas voam pela janela. Platão escreveu: "Todo homem é capaz de fazer algo bem. Se ele tentar várias atividades ao mesmo tempo irá fracassar na realização de qualquer uma com distinção." As certezas, como você aprendeu, advêm do conhecimento de que você está fazendo o que precisa ser feito. Se você cobre sua imagem mental com nuvens de tarefas e pensamentos irrelevantes, reduz as chances de uma conclusão bem-sucedida. Seu trabalho na Estratégia 6 é fazer uma pequena faxina. Pegue toda a desordem cerebral e organize-a, livre-se do que é irrelevante e direcione o foco para aquilo que é necessário. Como diz um provérbio turco: "Uma flecha não derruba dois pássaros."

Reduza o ruído

Com tantas tarefas e pensamentos zunindo em uma mente multifuncional, as iniciativas importantes, muitas vezes, se perdem em meio à confusão. Reduzimos o ruído quando eliminamos tudo de nossa mente, menos os pensamentos mais valiosos. Isso é fácil de falar e difícil de fazer. Dizer para si mesmo "Não vou me focar no que não é importante" é como tentar não pensar em elefantes. No entanto, como Marco Aurélio escreveu: "O homem deveria não só remover as ações desnecessárias, mas também os pensamentos desnecessários, pois, dessa maneira, não realizará atividades desnecessárias."

Meu editor me contou sobre seu truque para lidar com a cacofonia mental. Ele faz o que é mais rápido primeiro. Então, em vez de elaborar sua lista de acordo com a importância, ele as enumera a partir do esforço que será necessário para realizá-las. Assim, com as tarefas pequenas fora do caminho, ele pode iniciar o trabalho realmente importante com a mente limpa. Mas, e se quando ele concluísse as pequenas tarefas, não tivesse tempo, energia e motivação para dar atenção àquelas mais importantes? Sua solução, então, foi mudar de local de trabalho. Ele escreve em cafeterias. Alguns de nós escrevemos melhor sozinhos, no silêncio de nossos quartos; outros, no escritório; e outros, ainda, sob uma árvore, à beira de um lago.

Como meu amigo editor, eu trabalho melhor em cafeterias barulhentas. Isso começou nos meus tempos de faculdade, quando estudava na lanchonete. Escrever na biblioteca me dava sono. A energia das pessoas da lanchonete me estimulava. E conseguia reduzir o ruído em minha mente aumentando o barulho à minha volta. Todos precisamos encontrar o próprio jeito.

Existem muitos truques que nos ajudarão a organizar nosso trabalho. Poderíamos simplesmente listá-los e dar este livro por encerrado — mas a Estratégia 6 vai muito além. Você precisa de técnicas que possa usar com o decorrer do tempo. É importante colocar nossas questões internas em ordem, mas como determinamos essa ordem? Como estabelecemos o que é realmente importante? Isso significa que você deve olhar sua tarefa sob uma perspectiva mais ampla.

Seja mais exigente

Quando estamos fechando um negócio ou discutindo a compra de uma casa, sabemos até onde podemos ir. Sabemos o valor a que queremos chegar em nossa negociação. Neste princípio, você irá negociar consigo mesmo. Antes de começar é importante que você aumente sua exigência pessoal o suficiente para que não "acabe dando tudo de graça". Algumas questões são negociáveis, outras, não. Organizar sua desordem fica mais fácil quando você entende a diferença entre as duas situações.

Para muitos de nós é mais fácil especificar o que não queremos do que aquilo que, de fato, queremos.

Se eu perguntasse a você onde gostaria de estar daqui a 10 ou 15 anos, você poderia responder: "Bem, não quero ter de me preocupar em pagar as contas e não quero estar doente." Dizer o que você quer é, muitas vezes, uma tarefa mais difícil. O não permite que você saiba onde está desenhado seu ponto mais importante, mas o que queremos é, muitas vezes, que você tenha uma abordagem mais positiva para alcançar o objetivo de sua vida.

Uma vez que você tenha reduzido o ruído mental e se perguntado o que realmente quer, isso ajuda você a separar tudo que é "bom de ter" dos itens não-negociáveis — aquilo que, não importa o que aconteça, você não está disposto a perder. Temos controle sobre o que não é negociável, ao contrário de nosso dinheiro, nossa saúde ou nossos negócios. De uma hora para outra, um desses itens pode ser tirado de você. Você não pode construir uma vida repleta de certezas usando areia. Os itens não-negociáveis, no entanto, são sólidos como pedra, porque, assim como a importância verdadeira, eles vêm de você.

O que não negociamos nos ajuda a determinar como lidaremos com nós mesmos e com o mundo. Em vez de nos conformarmos apenas com o que é importante, trabalhar a partir do que não é negociável nos força a sermos mais exigentes. Isso significa que não faremos concessões a nossas ações. Como você quer ser lembrado? Você quer morrer em paz com o mundo? Você quer se sentir confortável com o que realizou? Quer morrer sozinho com seus arrependimentos ou rodeado por sua família e pelas pessoas queridas?

Pense em seus negócios. Se você tivesse de fechar as portas amanhã, como gostaria que seu empreendimento fosse lembrado? Ainda ouço passageiros contarem histórias sobre a WardAir, uma companhia aérea no Canadá que, embora financeiramente sem sucesso, oferecia uma qualidade de serviço incomparável ao consumidor. Ela estabeleceu um padrão que a maioria das outras companhias não consegue alcançar. Para a WardAir, um atendimento exemplar ao consumidor era algo não-negociável e, como resultado, a companhia é lembrada da maneira como pretendiam seus dirigentes.

Nelson Mandela entendeu este princípio. Sua compaixão por seus companheiros africanos e a compreensão de seu próprio objetivo lhe disseram que, não importava o que acontecesse, não estaria preparado a negociar a não ser que questões mais importantes para ele estivessem em discussão. Durante um período de dez anos, as autoridades se aproximaram seis vezes de Mandela com alguma proposta para tirá-lo da prisão. As condições oferecidas estavam abaixo das exigências impostas por Mandela. Ele escolheu a prisão no lugar da liberdade porque não negociaria por menos do que era mais importante para ele. Quando você estabelecer padrões para o que não é negociável, sua vida ficará mais clara. Você terá a vida que deseja, em vez de se conformar em simplesmente existir.

Entenda suas intenções

Na Estratégia 5, olhamos para o nosso objetivo, a principal razão para sair da cama de manhã. Uma vez que o descobrimos, ele direciona tudo o que fazemos — nos força a erguer uma barreira. Mas não podemos estar sempre pensando nele — queiramos ou não, temos de lidar com a vida diária. No entanto, não podemos abandonar nosso objetivo — então, o que devemos fazer?

É aqui que entra a intenção. Podemos defini-la, de acordo com dicionários, como "aquilo que se pretende fazer". Objetivo é diferente de intenção; objetivo sugere uma "pretensão mais decidida". Imagine que seu objetivo seja ser um grande diretor de cinema, dirigindo um grande drama. A intenção é a equipe do filme, trabalhando arduamente por trás das cenas para garantir que as pretensões do diretor se tornarem reais. Nossas intenções nos ajudam em direção ao nosso objetivo. Podemos encarregar nossa tarefa de intenções que nos ajudarão a alcançar nosso objetivo. Uma vez que ordenamos nosso cérebro, podemos agir com intenções claras e fortes. As intenções nos fornecem uma estrutura para ser usada numa base diária que cria certezas.

Certa vez, conheci uma mulher que travava uma batalha eterna com seu peso, que podia oscilar em até 30 quilos. Seu problema não era falta de motivação ou de força de vontade. Seu problema era que sua intenção para perder peso estava centrada em um acontecimento específico. "Quero perder sete quilos para conseguir entrar no meu vestido novo e ir com ele ao casamento de uma amiga", ela dizia, iniciando a dieta em seguida. Muitos de nós focamos nossas intenções em marcos assim. É a mentalidade da "resolução do Ano-novo".

Realmente, quando chegou o dia do casamento, ela estava linda, com o peso desejado. Passados alguns meses do evento, no entanto, seu peso começou a subir e, dentro de pouco tempo, ela voltava ao peso anterior.

Essa não foi a primeira vez que isso aconteceu, e a repetição desse padrão a conduzia a uma auto-imagem negativa. Foi uma experiência frustrante. Ela se via como uma fracassada, e isso não era verdade em hipótese alguma! Tinha intenção de perder peso para comparecer ao casamento e conseguiu, fazendo um sucesso tremendo. Sua intenção é que estava errada. Ela era limitante.

Um outro amigo meu tinha problemas com o peso e decidiu que esse modelo de perder e ganhar peso era como andar em uma montanha-russa, e ele queria sair dessa situação. Ele simplesmente não queria mais ser uma pessoa gorda. Estava prejudicando sua saúde, ele não conseguia encontrar roupas que servissem e lhe faltava energia. Ele ficava tão cansado no final do dia que era incapaz de ir ao encontro de seu objetivo — ser um pai e um marido ativo e amável.

"Não quero mais ser gordo. Quero viver com um peso saudável para acompahar meus filhos e minha esposa", afirmou ele.

Logo depois de dar essa declaração, ele recebeu amigos em casa. Um de seus amigos ofereceu-lhe um prato com asas de frango. Ele olhou para as asas e viu suas células de gordura crescendo. Ele simplesmente disse: "Não, obrigado. Asas de frangos são incompatíveis com minhas intenções."

Seus amigos ficaram surpresos, mas meu amigo dera o primeiro passo para emagrecer. Daquele dia em diante, toda vez que tinha de tomar alguma decisão que influenciasse sua saúde ou seu peso, lembrava-se de sua intenção de ser magro e saudável. Anos depois, ele está com o peso ideal e é um homem feliz, capaz de lutar por seu objetivo.

A intenção dele era viver uma vida como alguém magro. Ele não se focou em um evento específico, uma data ou hora; ele começou um projeto para a vida inteira. Com a intenção correta, encontrou poder para viver sua vida plena de certezas como uma pessoa magra.

Colocar intenções positivas em nossas ações não é tão difícil quanto possa parecer. O espírito está sempre lá dentro de você, esperando para ser posto em ação. É preciso ter coragem para expressar uma intenção que altere sua vida, que seja grande o suficiente para garantir sua intenção. Uma vez que esteja articulada, ela toma o próprio impulso. Então, como trabalhamos essa coragem? Isso nos leva ao próximo princípio.

Pague o preço

Robert era fumante. Ele tinha intenção de acabar com seu vício em nicotina. Os milhões que largaram o hábito sabem o quanto isso pode ser difícil. O preço que Robert teve de pagar foram as crises de abstinência causadas pela falta de nicotina. Ex-fumantes o estavam encorajando, mas ele sabia que enfrentaria um processo vagaroso, longo e doloroso. Robert estava empenhado em parar de fumar, mesmo sabendo que teria um preço a pagar.

Então, ele começou a fazer jogos em sua mente, que permitiam que alcançasse sua intenção em pequenos passos. Agir assim, muitas vezes, traz a possibilidade real de chegarmos ao nosso objetivo. Em vez de fumar o cigarro matinal, ele prometia a si mesmo que esperaria até chegar ao escritório. Uma vez no escritório, decidia esperar até o meio-dia. Ao meio-dia, decidia esperar até o jantar e, depois do jantar, decidia esperar até levar o cachorro para passear. Vinte e quatro horas depois, ele estava pronto para a compra de um adesivo de nicotina. Dois dias depois, ainda não era fácil, mas, então, ele estava pronto para um comprometimento maior, talvez um dia inteiro ou uma semana. Tomar uma decisão assim é algo vagaroso. Finalmente, os minutos se tornam horas, que se tornam dias e, depois, semanas. Hoje, 30 anos já se passaram desde que Robert parou de fumar. Os jogos que praticou o ajudaram a lidar com os sintomas de abstinência da nicotina, e lhe permitiram acabar com o vício de forma integral. Robert sabia que para realizar sua intenção precisava pagar o preço da dor da abstinência.

Isso não acontece de graça. Se sua intenção vale a pena, vai lhe custar alguma coisa.

Em meus negócios, os gerentes de exposição me contratam para ajudar seus expositores. Eu geralmente faço seminários. Também estimulo meus clientes a cobrarem um preço para cada participante. Quando oferecemos essa oportunidade aos expositores, sem custo algum, a quantidade de ausências é elevada. Fixar um preço mínimo para que participem do seminário faz com que a taxa de ausência caia drasticamente. Quanto maior o preço, maior o comprometimento.

O mesmo princípio se aplica a você. Seu comprometimento tem um preço. É o custo de viver a vida que você quer sem os comportamentos negativos que sustentam um resultado que você não quer. É recusar o próximo copo de bebida ou cigarro. É dizer não ao pedaço de torta ou tratar seus clientes ou colegas de forma diferente.

Lembro-me de uma vez em que palestrei para um grupo de farmacêuticos. Estávamos em uma sessão de brainstorming desenvolvendo formas de melhorar o serviço ao consumidor. Muitos farmacêuticos afirmaram que sua intenção era se dedicar às pessoas idosas, o que os ajudaria a aumentar suas bases de rendimento. Falamos sobre novas linhas de produto, diminuir a altura dos balcões, instalar um monitor para medir a pressão do sangue e um filtro com água para permitir que o paciente tomasse sua medicação imediatamente. Depois, falamos sobre colocar lá um toalete público. Imediatamente, ouvi alguém falar em voz alta: "Não queremos que nossos funcionários percam tempo para manter o banheiro limpo. Eles têm coisas mais importantes para fazer." Os funcionários concordaram que limpar banheiros era degradante e não era parte de suas funções. Perguntei aonde pensavam que os idosos deveriam ir quando tivessem que atender às suas necessidades, e eles concordaram que isso era um problema — mas não estavam dispostos a mudar de idéia.

A intenção deles era ter um ambiente mais agradável para os idosos, mas o custo para limpar e abastecer um banheiro era mais do que estavam dispostos a pagar. O fato é que se você não estiver preparado para pagar o preço, o preço total, não faz sentido continuar.

Os passos que você precisa dar para fazer com que seu amanhã seja melhor estão associados a muitas ações que você pratica diariamente. Você pode constantemente reforçar o poder de suas certezas ao estruturar uma rotina diária que o lembre o que é importante. Cada pequeno item de sua agenda diária se torna um lembrete da viagem que você está fazendo. Cada ato, reforçado por suas intenções, é como fazer pequenos depósitos em sua caderneta de poupança, caminhando em direção à realização de seu objetivo. Logo, todos os centavos somarão uma quantia substancial. Com cada depósito, você reforça a certeza que tem em relação ao seu objetivo. Você agora sabe por que está fazendo isso e aonde isso vai dar, e a segurança se constrói. Quanto mais você focar em sua rotina diária, mais reconhecerá as oportunidades de mudança. É como usar óculos pela primeira vez: de repente, você percebe que muitas outras pessoas usam óculos. É como se nós, de repente, acordássemos e víssemos as coisas de que sentíamos falta antes. Essa percepção de seu objetivo, fomentada por suas intenções, ajuda você a manter suas certezas.

Aerodinâmico e seguro

Multifuncionalismo não é tão ruim assim, mas, quando focamos nossas energias, reconhecemos nossas prioridades e pensamos de verdade sobre a intenção que há por trás de nossas ações, nos comprometendo com o custo de ver através de tudo até o fim, nos tornamos muito mais produtivos e seguros. Saberemos para onde estamos indo porque já teremos pensado em tudo até tomar uma decisão, em vez de ficar correndo, fazendo um milhão de coisas ao mesmo tempo, sem conseguir trabalhar de verdade em direção ao nosso objetivo. Pensar com clareza nos proporciona estrutura, uma base forte que nos permite viver plenos de certezas.

No entanto, se você ler este livro e disser "Isso é muito interessante" e deixá-lo de lado, acumulando poeira, qual é a razão de lê-lo? Conhecer as seis estratégias pode fazer diferença, mas a última assegura continuidade.

Consolidando certezas a partir da Estratégia 6

1. Encontre seu lugar. Não como uma ilha tropical onde você possa beber *piña colada,* mas um lugar de fácil acesso onde sua criatividade possa fluir — um

lugar confortável onde você possa refletir sem ser perturbado por distrações.

2. Uma vez que você esteja em seu lugar, faça uma lista do que não é negociável. Existem aspectos de sua vida que você gostaria de mudar porque estão fazendo com que você comprometa o que não é negociável para você? Anote suas respostas.
3. Decida que pequenos passos você pode dar imediatamente para viver sua vida agora, uma vez que já aumentou suas exigências.
4. Em seus lembretes diários, anote seus passos para amanhã.
5. Assim que o amanhã chegar ao fim, repita o exercício no dia seguinte.

ESTRATÉGIA 7

CONSOLIDE CERTEZAS DURADOURAS

Grandes realizações não são feitas
por impulso, mas por uma
soma de pequenas realizações.

Vincent van Gogh

Certezas são como bateria de celular: inertes se não houver energia. Uma bateria recém-carregada garante que todos os canais estejam afinados e claros, mas, à medida que vai perdendo energia, também vai perdendo eficácia. Se for deixado assim por tempo demais, o celular retorna à situação de origem — incapaz de desempenhar seu objetivo. Somos como o celular. Nossas baterias são carregadas com entusiasmo quando aprendemos algo que possa alterar nossa vida, como as estratégias que você aprendeu neste livro. Mas o entusiasmo desaparece gradualmente se não é seguido por uma ação.

Você já teve a experiência de voltar de umas férias onde passou algumas semanas relaxando, aproveitando e descansando sob o Sol? Você voltou ao mundo "real" com uma sensação de euforia e todos aqueles recados telefônicos gravados não pareciam tão importantes. "Se eu conseguisse manter essa sensação", você disse a si mesmo. Você sabe o fim da história: em poucos dias, você estará de volta ao antigo estado em que se encontrava antes das férias. Para onde foi aquele bronzeado, aquela dança maravilhosa, aquele passeio de elefante, aquelas pessoas divertidas? É tão fácil voltar a seus velhos hábitos!

Todos ouvimos falar sobre o paciente que se recuperou de uma experiência de quase morte e prometeu mudar sua vida. Renovado por uma sensação de segurança, ele jura abandonar os velhos hábitos e promete dar mais valor à vida. Algumas vezes, essas mudanças duram e, outras vezes, elas têm vida curta.

Seja seu próprio motivador

Amigos e colegas, tentando encontrar um nome para o que eu faço, me perguntaram se eu era um palestrante motivacional.

"O que é um palestrante motivacional?", pergunto.

Como uma pessoa pode motivar a outra? Certamente, posso contar algumas piadas e fazer com que a audiência aplauda, mas não é isso que eu sou. Se fosse apenas isso, procuraria um emprego diferente.

Motivação verdadeira para criar uma mudança duradoura requer um plano que dura além do efeito de revelação que envolve ler um livro ou participar de um seminário. Ninguém pode fazer a mudança por você. Ninguém, a não ser você mesmo, pode garantir que você alcance o que quer. O que você precisa é de uma estrutura que sustente e mantenha suas novas certezas.

CONTINUE DESCOBRINDO

Enquanto você trabalha para integrar certezas à sua vida diária, o primeiro desafio que enfrenta é lutar contra a complacência. A complacência aparece quando a rotina toma conta de nós e permitimos que as ações diárias se tornem um hábito. Na vida, é crucial deixar o máximo de espaço possível para novas experiências. Se você chegar a um ponto em que está satisfeito, confiante de que agora dominou o jogo da vida, você está vendendo seu potencial muito cedo. Existem sempre novos e excitantes aspectos sobre os quais você tem de aprender. Se você não se mantém aberto a essas experiências, você não progride. É preciso ficar aberto a essas coisas que nos ajudam a fazer as histórias de nossa vida tão completas e ricas quanto possível.

Pessoas com interesses múltiplos são mais capazes de lidar com danos cerebrais e doenças. Tentando novas habilidades e forçando nosso cérebro a se conectar de maneira diversa, você monta um sistema no qual, se uma parte está danificada, a outra pode assumir o comando. Você terá ensinado a seu cérebro maneiras múltiplas de resolver problemas. Aqui temos uma oportunidade de expandir a capacidade do cérebro de maximinizar seu potencial de viver uma vida repleta de certezas — mas apenas se lutarmos contra a complacência.

Nem todas as novas experiências dão resultado, mas este não é o ponto. O ponto é que você não vai saber a não ser que tente.

Eu costumava ficar olhando as vitrines de lojas de instrumentos musicais porque adoro o visual do violão. Eu o considero um dos instrumentos mais charmosos que existem. Então, decidi que havia chegado a hora e decidi comprar um violão e um manual para iniciantes. Depois de alguns meses, percebi que precisava de um professor e encontrei uma pessoa para me dar aula toda semana. Aprendi as escalas e algumas notas, e embora Eric Clapton não tenha com o que se preocupar, posso tocar algumas músicas em meu violão.

Meu violão me ensinou muita coisa. Aprecio mais a música. Entendo a genialidade envolvida em sua criação. Posso entender como as pessoas se perdem em suas músicas, que se tornam fontes de meditação. Entendo como a música pode abrir caminho entre culturas e países, dando a pessoas do mundo inteiro o mesmo amor para compartilhar. Entendo com mais facilidade os rituais baseados em música.

Minha experiência com meu violão me ajudou? Sem dúvida! Pense o quanto eu teria perdido se nunca tivesse tentado. O mais impressionante é que essas realizações foram uma surpresa para mim. Elas contribuíram para a riqueza da minha vida. Tente algo novo e veja quantas surpresas estão abertas para você.

Novas experiências podem incluir qualquer atividade: música, trabalho em madeira, esportes como vela, golfe, tênis, *bungee-jumping*, corrida de motocicleta, o aprendizado de uma língua estrangeira, filosofia, astronomia — qualquer atividade diferente de tudo o que você faz agora. Achar o momento para esses novos interesses não é algo que surge do nada. Você tem de abrir espaço. Na Estratégia 5, você fez uma lista de todas as coisas nas quais estava interessado e relacionou-as em ordem de importância. Você se focou nos itens mais importantes para guiá-lo em direção ao seu objetivo. Mas e em relação ao resto da lista? Há um grande número de interesses abertos para você. Embora muitos desses interesses possam não parecer essenciais ou particularmente importantes, eles podem ser divertidos. Se você decidir que novas experiências serão uma prioridade em sua vida, para seu espanto, o momento vai surgir e você vai desejar saber por que não fez isso antes.

Muitas vezes, as pessoas me dizem: "Tudo bem, mas eu tenho dois empregos, três filhos e uma sogra para cuidar. Não tenho tempo para isso." Esses indivíduos estão imersos em suas dúvidas e seus medos e não querem se livrar disso para encontrarem algo melhor. Minha resposta é: "Vamos jogar por um momento. Vamos supor que você não tivesse dois empregos, três filhos e uma sogra. O que você gostaria de fazer? Que atividades está negando a si mesmo?"

Pode ser que essas pessoas respondam "Ler" ou "Jogar videogame". Na verdade, isso não importa. Agora que você identificou essas atividades agradáveis, o truque é encontrar tempo para elas. Fico espantado com a variedade de livros que vejo as pessoas lendo no metrô. Essas pessoas ocupadas encontram cinco ou dez minutos para ler sobre zen, ioga ou algum novo guia relativo a qualquer atividade. Sempre há algum tempo. São seus medos e dúvidas que o escondem. E você o encontrará quando der tempo a esses interlúdios, quando for capaz de retornar a seu objetivo de forma entusiástica e renovada, e com uma noção ainda mais forte em relação às suas certezas.

Observe tudo com calma

Uma vez, perguntei a uma amiga no que pensava enquanto meditava.

"Em tudo e em nada", respondeu ela. "É o momento em que deixo minha alma entrar em sintonia com a minha vida."

Muitas pessoas a quem faço a mesma pergunta dão uma resposta parecida. Quando estamos abertos a tudo o que o universo tem a nos oferecer, corremos o risco de receber uma sobrecarga de informação. É como abrir novos arquivos em seu computador e nunca ter tempo de salvá-los em seu disco rígido. Você corre um risco imenso de perder informações importantes.

Todo mundo tem seu método próprio de salvar informações acumuladas. Você pode meditar, jogar golfe, ir à igreja ou exercitar-se. Não há um método que funcione para todo mundo, mas, provavelmente, não existe apenas um método que funcione para você. Talvez você possa fazer diversas coisas para salvar essa informação. Na Estratégia 6, você aprendeu a importância de achar "seu lugar". Quer ele seja uma cafeteria barulhenta, o saguão de um aeroporto movimentado ou seu *lugar de adoração*, encontre-o e comece a salvar a informação valiosa que você aprendeu.

Quando toco meu violão, fico perdido na música. Por 20 ou 30 minutos, não penso em mais nada. Quando canto sozinho, dedilhando meu violão, obtenho uma conexão poderosa. Não importa mais como estou tocando. Estou com a música. Quer você esteja dando um passeio na floresta ou velejando por águas azuis, encontrar tempo para absorver novas experiências é importante. Não deixe que nada saia de seu domínio — porque, como sabemos, cada experiência é importante.

Certezas duradouras

Uma de minhas lembranças mais antigas é a casa de meu avô. Atrás da porta da despensa de sua casa havia pequenas latas. Cada lata — *pishka* — foi etiquetada para uma diferente caridade. Essas *pishkas* eram lembretes de que outras pessoas precisavam de nossa ajuda; então, nosso ritual era deixar nossos centavos nessas latas. Hoje, quando faço compras com minha filha e observo-a colocando moedas em *pishkas* no balcão superior de lojas de conveniência, lembranças da casa de meu avô me vêm à mente.

Stephen, um gerente ocupado, caminha sempre pela cidade com moedas em seus bolsos. Quando um desabrigado ou uma pessoa carente pede ajuda, Stephen sempre atende. Uma vez, perguntei-lhe o porquê e sua resposta foi simplesmente: "Porque eu posso."

Eu moro na parte rural de Ontário. Em nossa pequena cidade mora uma família que, em todo Natal, dá a todos um presente. Seus integrantes planejam durante meses, organizam e montam um show de luzes de Natal. A casa deles se torna um reino luminoso de conto de fadas, repleto de personagens animados e mensagens maravilhosas. Eles convidam todo mundo para entrar na propriedade e curtir aquela visão. As pessoas viajam quilômetros para ver essa vitrine anual de gratidão. A única motivação dessa família é retribuir com algo à sua cidade.

Uma vida inteira de gratidão é, provavelmente, o lembrete mais fácil para os princípios de importância, objetivo e intenções. Lembre-se da conversa do rabino que contei para você na Estratégia 4. Você não tem de dar dinheiro; você pode doar um pouco de seu tempo lendo para uma criança, ou talvez organizando um passeio, dando comida aos famintos, construindo casas para os desabrigados, ajudando os idosos a carregarem pacotes, dando espaço para que outro motorista ultrapasse você — a lista não tem fim. Mas, com cada ato, o truque é dizer a si mesmo: "Isso é por causa do tipo de pessoa que sou."

Olhe para trás e siga adiante

Então é isso — ou quase.

Você aprendeu que existe um ciclo natural para tudo. Nada está paralisado. Se não está funcionando com você neste momento, irá funcionar no futuro. Você também sabe que pode escolher como quer viver — escolha viver como um vencedor. Você sabe que os obstáculos no seu caminho são, na verdade, dúvidas disfarçadas, e sabe como enfrentá-los proativamente. Você aprendeu uma maneira de entender sua importância e seu objetivo, e é capaz de pensar com clareza. E, agora, você sabe que se ficar motivado e continuar a exploração durante toda a sua viagem, incorporando o conhecimento adquirido na vida, consolidará suas certezas. Falta apenas fazer o trabalho.

CONSOLIDANDO CERTEZAS A PARTIR DA ESTRATÉGIA 7

1. Releia a lista de atividades em que você está interessado, criadas na Estratégia 5.
2. Os itens do topo da lista ajudaram a guiá-lo em direção à sua vocação e ao seu objetivo, mas agora é o momento de lidar com o resto dela. Faça um plano para incorporar alguns desses itens à sua vida cotidiana imediatamente.
3. Que outras mudanças você pode fazer para reforçar o que aprendeu neste livro?

O QUE VEM DEPOIS?

Agora, você já leu e seguiu as sete estratégias em direção às certezas. Não pense que seu trabalho está completo. Não está. Apenas começou. Você tem de fazer o trabalho. Ter certezas não é uma questão de apenas desejar. Envolve algo muito mais árduo.

Você já escutou a piada do homem que foi para a igreja rezar?

— Deus — disse ele —, é só o Senhor me deixar ganhar na loteria que tudo ficará bem. Não é por mim, Deus, é por minha família. Minha esposa precisa de cuidados médicos intensivos muito caros, e minha filha vai para a faculdade e não posso pagar as mensalidades. Sempre fui um homem honrado e esta é a primeira vez que realmente Lhe peço algo. Por favor, conceda-me este único desejo.

Depois, ele foi para casa e esperou. Quando anunciaram os ganhadores da loteria, seu nome não estava na lista. Então, na semana seguinte, voltou à igreja e rezou novamente.

— Talvez o Senhor não tenha entendido — começou ele. — Sempre fui um homem honrado e esse pedido não é para mim; é para a minha esposa e para a minha filha. Se o Senhor me deixar apenas ganhar na loteria, posso dar a elas a ajuda de que necessitam.

Mais uma vez, ele foi para casa e, depois do sorteio, procurou em vão por seu nome entre os ganhadores. Nada. Então, mais uma vez, ele rezou.

— Meu querido Deus. Realmente preciso de sua ajuda. Ganhar na loteria é crucial para que eu tome conta de minha esposa e de minha filha. Sempre fui um bom homem e nunca pedi nada para mim mesmo. Esta é a primeira vez que Lhe peço algo e não tenho certeza de que esteja ouvindo. Por que o Senhor não me ajuda?

Logo depois, uma luz apareceu diante de seus olhos e ele ouviu a voz de Deus, dizendo:

— Ajude-me, Saul. Compre um bilhete.

Este trabalho árduo é como pagar suas dívidas. Todo mundo tem de fazê-lo. Você não pode ganhar na loteria sem comprar um bilhete. Antes de um ator começar a trabalhar em um filme ou no palco, ele, primeiro, tem de aprender a atuar e, em seguida, passar por penosos testes. Dia após dia, semana após semana, mais testes e mais respostas negativas.

Depois, o raio cai, e um papel pequeno é colocado em seu caminho. Ele desempenha esse papel e volta aos penosos testes. Durante todo o processo, ele pode aceitar fazer papéis sem receber dinheiro algum ou pode acabar servindo mesas num restaurante local.

Você não pode entrar em um estúdio de cinema e querer se tornar uma estrela de uma hora para a outra, e não pode irromper na sala da diretoria da General Motors ou da Microsoft e esperar até se tornar o próximo presidente sem ter qualquer experiência prévia. Você precisa desenvolver experiência suficiente para saber que pode dar conta daquele emprego.

Esse processo de pagamento de dívidas traz poucas recompensas para a nossa jornada. Nós temos pontinhas de sucesso. Pequenos papéis, escrever pequenos artigos ou fechar pequenos negócios. Quando eles surgirem, não os menospreze, como se fossem sorte ou uma coincidência — não caia nessa. O diretor de cinema Samuel Goldwyn disse, certa vez: "Quanto mais eu trabalho, mais sortudo fico." Essas pequenas realizações são a maneira de o universo dizer-lhe: "Tudo bem, você está no caminho certo."

Estas sete estratégias precisam de um cuidado diário. Você deve aceitar a rejeição e entender como se joga o jogo da vida. Precisa pagar suas dívidas, mas se trabalhar com determinação, nada pode impedir que chegue às suas certezas. Depois — e só depois —, você irá voar como as águias.

Epílogo

Tenho uma amiga chamada Gail com a qual não falava havia muitos anos. Ela e seu companheiro, Dan, moravam em Toronto, e minha esposa e eu costumávamos encontrá-los pelo menos duas vezes ao mês. Nós comíamos, ríamos e aproveitávamos a companhia um do outro. A energia de Gail era sempre o ponto alto da noite. Sua maneira sutil de contar histórias e sua risada contagiante ajudavam a definir o tom de qualquer jantar.

Há cerca de dez anos, o emprego de Dan levou a família toda para Vancouver. Gail não estava muito animada com a idéia de deixar Toronto, mas ela amava Dan, então se mudou com ele. Ela e eu nos falávamos ocasionalmente ao telefone, e algumas vezes nos esforçávamos para viajar e visitar um ao outro, mas, conforme os anos foram passando, o intervalo entre as ligações ia aumentando muito, e as visitas simplesmente pararam de acontecer.

No inverno passado, de repente, recebi uma ligação de Gail. Ela vira um artigo no jornal sobre o seminário que eu iria proferir em Vancouver sobre *Voe como as águias*. Ela me disse que estava planejando comparecer ao seminário e me convidou para almoçar com ela depois. Não consegui perceber o que havia naquele momento, mas sua voz parecia um pouco estranha. Mas não pensei mais sobre isso até que a visse em Vancouver, um mês depois.

Ela se sentou em meio à audiência do seminário, riu de todas as minhas piadas, tomou notas zelosamente e parecia estar um tanto intrigada com o que eu dizia, mas eu ainda notava que havia alguma coisa errada com ela. A espirituosa Gail que fora minha amiga por tantos anos parecia não estar mais lá. Depois, fomos almoçar, e eu descobri o porquê.

Ela começou contando que ela e Dan tinham se separado no início do ano. As coisas já não estavam indo bem há algum tempo e, no ano anterior, haviam decidido separar-se. Desde então, a vida de Gail era uma total derrapagem emocional. O contrato de trabalho acabou e sua única filha, Jessica, foi para a universidade. De repente, ela ficou com uma quantidade enorme de tempo nas mãos, a maior parte do qual gastava pensando em sua vida.

— Houve momentos em seu seminário esta manhã que pensei que você estava falando diretamente para mim — começou ela. — Tenho me sentido perdida nesses últimos anos, como se tivesse esquecido quem eu realmente sou. Meu caminho parece confuso. Sinto como se não tivesse certeza sobre coisa alguma há muito, muito tempo.

— Você não está sozinha — respondi. — Quando ficamos presos aos detalhes da vida, torna-se muito fácil esquecermos nossa verdadeira vocação. Isso é normal. Mas é por isso que não é má idéia ter um pouco de ajuda de tempos em tempos que nos faça lembrar como podemos escolher com segurança e clareza. Todo mundo precisa disso.

— Eu sei — disse ela. — Eu sei. Acho que você deixou isso bem claro na Estratégia 3, quando falou que medo é uma reação a algo muito real, e que a dúvida é uma reação àquilo que tememos. Nos últimos anos, eu me senti refém do medo: medo porque meu trabalho chegara ao fim e porque tenho medo de nunca mais encontrar outro emprego. Medo porque meu casamento acabou e temo nunca mais encontrar outro amor. E medo de que minha filha, que acabou de entrar para a universidade, não precise mais de mim.

— Todas essas coisas são assustadoras — disse-lhe. — Mas aposto que se você examiná-las mais detalhadamente talvez descubra que uma das coisas que contribuem para que você tenha esses tipos de pensamentos são mais as dúvidas do que os medos. No entanto, tudo isso é real para você, e você vai ter que lidar com tudo isso.

— Eu sei — disse ela —, e um dos momentos em que fiquei mal esta manhã foi quando você falou sobre utilizar a força de nossos medos. Você disse que eles determinam quem nós somos. Isso é muito verdadeiro. Os medos são meus e não tenho dúvidas de que há muitas informações neles que podem me ajudar a viver. Neste exato momento, é difícil me separar dos medos para conseguir enxergar isso com clareza. Mas não consigo expressar o quanto me deu forças ouvir você dizer isso.

— É verdade — eu disse. — Medos determinam quem nós somos. E o truque é saber como utilizar o poder deles, em vez de deixá-los se tornarem obstáculos. É reconhecer que esses medos estão lá, na verdade, para deixarem a estrada mais tranqüila para você, não apenas para a bloquearem. E sei que isso é difícil. Luto contra isso o tempo todo. Mas reconheço que você deu um passo enorme em uma direção positiva.

Ela continuou, contando sobre como, às vezes, sente que sua cabeça está indo em diferentes direções ao mesmo tempo.

— Gostaria de viajar para a América do Sul — começou ela —, abrir minha própria empresa de consultoria, voltar a estudar e aprender uma língua estrangeira, e assar meu próprio pão... mas eu sei que não vou fazer tudo isso. A maioria dos itens da minha lista de tarefas está lá há 20 anos! Ouvir você falar sobre selecionar os itens da minha lista com os quais estou realmente comprometida e descartar todo o resto faz com que minha vida pareça bem mais fácil. Eu nunca vou assar meu próprio pão. E sei disso porque nem mesmo cheguei a abrir um livro de receitas para descobrir como se faz. Esse é um item que posso descartar facilmente!

Eu respondi:

— Aposto que se você elaborar a lista de que falei na Estratégia 6, provavelmente você vai ver que há muito mais lá que pode eliminar. Eu fiz isso anos atrás. Mudou minha vida. Ter apenas algumas metas, e todas relacionadas à minha verdadeira vocação, em vez de ter muitas que eu nunca chegaria a realizar, me deu um verdadeiro foco. Inconscientemente, nunca pretendi levá-los adiante, de qualquer maneira. Organizar a lista se tornou um processo libertador para mim. Estou tão lúcido como não me sinto há anos.

Os olhos dela começaram a brilhar enquanto falava:

— Eu sei. Segui meu plano reserva durante anos. Queria abrir minha própria empresa de consultoria, mas, em vez disso, passei anos acumulando qualificações que me permitiriam trabalhar em uma instituição. Escolhi aquilo que pensei ser um caminho mais seguro, um caminho que me permitiria ser uma boa esposa e mãe, mas esse caminho não deixou que eu me tornasse uma pessoa completa. E não estou dizendo que ser uma boa esposa e mãe não faziam parte do meu caminho, porque foram, e são uma parte maravilhosa dele. Mas há anos parei de ter confiança em mim. Deixei de ter certeza de quem eu era. E comecei a me comprometer com tarefas que não refletiam o que realmente me atraía.

— Sei exatamente sobre o que você está falando — disse eu. — E, como falei no seminário, viver uma vida de certezas não significa que sua estrada vá ser menos esburacada, mas você provavelmente não vai sentir tanto os buracos, porque sua alma saberá que a jornada vale a pena — qualquer que seja o custo.

— E isso tudo flui tão naturalmente! — disse ela, ficando mais animada do que havia parecido durante toda a manhã. — Realmente precisava ouvir aquilo. Sei agora que esse desânimo em que me encontro ultimamente vai passar. Que planarei mais uma vez. Obrigada por me lembrar disso.

— É um prazer — disse. — Você provavelmente já sabia de tudo o que eu falei no seminário pela manhã. Mas às vezes precisamos de algo ou alguém que nos faça lembrar.

— Este é o eufemismo do ano! — disse ela, soltando aquela risada contagiante que eu não ouvia há muitos, muitos anos. — Comprei duas cópias de seu livro esta manhã. Um para mim e um para a minha filha. Não tenho dúvidas de que ela também pode usar isso. Se ao menos alguém tivesse me dado seu livro quando eu era da idade dela — ou, pelo menos, em qualquer idade!

Ela riu novamente. Essa era a Gail que eu conhecia.

Nós pagamos a conta, deixamos o restaurante e prometemos manter contato. Não tenho dúvidas de que Gail vai descobrir como ter uma vida repleta de certezas. Não tenho dúvida de que, com um pouco de ajuda, todos nós podemos.

Este livro foi composto na tipologia
Palatino Linotype, em corpo 12/17, impresso em
papel off-white 80g/m², no Sistema Cameron
da Divisão Gráfica da Distribuidora Record.